Zwischen Schatten und Licht

… ist eine Einladung, innezuhalten und sich von Worten berühren zu lassen. Dieses Buch nimmt dich mit auf eine Reise durch Höhen und Tiefen des Lebens. Es ist ein Wegbegleiter, der dabei behilflich sein kann nach neuen Perspektiven zu suchen, nach Inspirationen und nach Antworten, die schon längst in uns selbst schlummern.

Sascha Kalkbrenner

Impressum

Autor: Sascha Kalkbrenner
Kontakt: poesiewelt@gmx.de
Copyright © 2025, Sascha Kalkbrenner

Verlag: BoD · Books on Demand GmbH, Überseering 33, 22297 Hamburg, bod@bod.de
Druck: Libri Plureos GmbH, Friedensallee 273, 22763 Hamburg

Hinweis: Die Inhalte dieses Buches spiegeln die persönliche Meinung des Autors wider und dienen der Inspiration. Für eventuelle Fehler oder Auslassungen wird keine Haftung übernommen.

ISBN: 978-3-8192-7664-4

FSC
www.fsc.org

MIX
Papier aus verantwortungsvollen Quellen
Paper from responsible sources
FSC® C105338

„Perfektion verwehrt uns jegliche Chancen

zu lernen und zu wachsen!"

~ Sascha Kalkbrenner

Vorwort

Hallo an dich! Wenn du dieses Buch in den Händen hältst, spielt es keine Rolle, woher du kommst, welchen Weg du gegangen bist oder welche Herausforderungen dein Leben geprägt haben – du hältst es in deinen Händen, und genau das zählt. Es bedeutet, dass du offen bist. Offen für neue Gedanken, für Impulse, die vielleicht genau jetzt den richtigen Moment gefunden haben, um dich zu erreichen.

Dieses Buch ist eine Reise. Eine Reise durch Schatten und Licht, durch Zweifel und Hoffnung, durch Schmerz und Heilung. Es erzählt von Erfahrungen, die nicht nur in meinen Worten leben, sondern sich vielleicht auch in deinen eigenen Erinnerungen spiegeln. Manche Zeilen werden dich umarmen, andere herausfordern. Einige stellen Fragen, auf die du längst Antworten trägst, während andere Türen zu Gedanken öffnen, die du noch nie zuvor betreten hast.

Lass dich treiben. Es gibt kein Richtig oder Falsch, kein Muss, kein festgelegtes Ziel.

Alles, was du beim Lesen fühlst, ist genau das, was du in diesem Moment brauchst. Vielleicht findest du dich in diesen Worten wieder. Vielleicht regen sie dich zum Nachdenken an oder schenken dir eine neue Perspektive. Vielleicht wirst du überrascht sein, wie tief

Worte reichen können – oder wie still sie manchmal begleiten.

Dieses Buch soll ein sicherer Raum für dich sein, ein Ort, an dem du verweilen darfst, solange du möchtest. Und wenn du es einmal zur Seite legst, wird es geduldig auf dich warten – bis du bereit bist, einen neuen Gedanken, einen neuen Impuls in dein Leben zu lassen. Sehe es als eine Art Wegbegleiter. Ich wünsche dir Inspiration, Trost und Kraft auf dieser Reise. Und vor allem den Mut, deine eigenen Spuren zu hinterlassen.

Mit dankbarem Gruß
Sascha

Kapitelübersicht

1. Kapitel: Leid, Schmerz und Trauer
Dieses Kapitel widmet sich den dunklen Momenten des Lebens – den Zeiten des Leids, des Schmerzes und der Trauer. Es spricht von Gefühlen, die uns fordern, manchmal überwältigen, aber auch zeigen, wie tief wir empfinden können.

2. Kapitel: Glück, Heilung und Freude
Diese Gedichte laden dich ein, die helleren Seiten des Lebens zu entdecken. Worte der Hoffnung, Freude und Zuversicht schenken dir Kraft und rücken das Licht in den Mittelpunkt.

3. Kapitel: Besondere Inspirationen
Wie auf jeder Reise gibt es auch hier besondere Momente – kleine Schätze in Form von inspirierenden Gedichten. Sie laden zum Innehalten ein, geben neue Impulse und überraschen mit neuen Perspektiven.

4. Kapitel: Zusammenfassung
Ein Rückblick auf die Reise durch Licht und Schatten,

Schmerz und Heilung. Dieses Kapitel reflektiert, wie wir durch Herausforderungen wachsen und die Kraft der Hoffnung entdecken, die uns vorantreibt.

5. Kapitel: Impulse zur Selbstreflexion
[Seite 98 – 105]
In diesem Kapitel findest du Anregungen zur Selbstreflexion – Fragen und Gedanken, die dich begleiten können, um deine eigene Reise bewusster zu gestalten.
Hier kannst du gerne, wenn du möchtest, tiefer eintauchen und deine Gedanken z.B. in einem Notizbuch für dich persönlich festhalten.

Die Kapitel dieses Buches sind wie verschiedene Etappen einer Reise – jede einzelne mit ihrer eigenen Bedeutung und ihren einzigartigen Erfahrungen. Sie spiegeln unterschiedliche Facetten des Lebens wider, von den stillen Momenten der Reflexion bis hin zu den intensiven Wendepunkten. Du hast die Freiheit, deinen eigenen Weg durch diese Etappen zu wählen. Es liegt ganz bei dir, ob du der Reihenfolge folgst oder dorthin springst, wo du gerade fühlst, dass dich die Worte am meisten berühren. Ich hoffe, dass du dich in diesen Zeilen wiederfindest – vielleicht im tief empfundenen Schmerz, der uns alle manchmal ganz besonders ergreift, oder im Hoffnungsschimmer, der auch in dunklen Zeiten den Weg weisen kann. Was auch immer du hier entdeckst, möge es dir Trost spenden, dich inspirieren und dir zeigen, dass du niemals allein bist. Denn in den Worten dieses Buches steckt mehr als nur die Erfahrung eines einzelnen Lebens – sie spiegeln eine universelle Reise, die uns alle verbindet.

Willkommen auf den Spuren des Lebens

Nachdem du dich jetzt dazu entschieden hast, dieses Buch aufzuschlagen und meine Welt zu betreten, möchte ich dir noch etwas mit auf den Weg geben. Die Poesie, die du hier findest, ist nicht nur Ausdruck meiner Gedanken, sondern auch eine Einladung an dich, durch die verschiedenen Facetten des Lebens zu reisen – durch Glück und Leid, Heilung und Schmerz sowie Freude und Trauer.

Die Reise beginnt

Ich wurde oft gebeten, den Impuls zu wagen,
mal meine Gedichte auch nach außen zu tragen.

Nicht mehr still in meiner Poesie zu verweilen,
sondern meine Reime auch mit dir zu teilen.

Somit brauchst du nicht mehr länger zu warten,
und ich werde jetzt mit den Impulsen starten.

Ich bin ehrlich gespannt, wie es dir gefällt,
wie das Leben so tickt, aus meiner Dichterwelt!

1. Kapitel

Leid, Schmerz und Trauer

In dunklen Stunden, schwer und kalt,
wo jedes Wort in Stille hallt.

Es liegt die Trauer, tief und schwer,
sie drückt uns nieder, mehr und mehr.

Der Schmerz, er bleibt, er geht nicht fort,
er zieht uns hin an einen Ort.

Wo Hoffnung schweigt und Herzen weinen,
und Gedanken dir wie Nebel erscheinen.

Aus Dunkelheit und tiefem Schmerz
erwächst die Kraft in unserm Herz.

Sie lässt uns weiter vorwärtsgehen,
auch wenn wir nur das Dunkel sehen.

Kindheit in Masken

Ein Flüstern im Dunkeln, das Herz gebrochen,
versteckt hinter Masken, Gefühle erstochen.

Die Kindheit ein Schauspiel, quälend, stumm,
liegt in uns versteckt, ein Stück Hoffnung herum.

Die Hände einst wie ein Schutzschild schienen,
führten das Herz in die Schatten und Mienen.

Gedanken aus Glas, zu schwer, um zu tragen,
zu jung, um zu kämpfen, zu still, um zu klagen.

Die Tage ein Flüstern, die Nächte ein Schrei,
gefangen im Nebel, die Seele nicht frei.

Doch heut blick ich zurück – stark und befreit,
aus den Narben wuchs Stärke, nicht nur Leid.

Die Masken zerbrochen, die Schatten verbannt,
die Stimme erhoben, das Herz neu erkannt.

Der Preis des Traums

Als Junge auf dem grünen Rasen,
war's Fußball – nicht nur Kinderphrasen.

Ich rannte, kämpfte, Jahr um Jahr,
ein Traum vor Augen – sonnenklar.

Ein Weg nach ganz oben ins Rampenlicht,
doch war's mein Traum? Ich wusste es nicht.

Die Frage kam, sie blieb, sie schwand,
doch weiter trieb mich Vaters Hand.

Freunde, Lachen, eine Welt voll Glanz,
oder alles opfern für den Fußball-Tanz?

Ich zahlte den Preis, mit Schmerz und Pflicht,
für eines Vaters Traum – doch war's mein Licht?

Wer bin ich?

Um mein Leben und die Impulse, die mich geprägt haben, besser zu verstehen, möchte ich dich auf eine Reise in meine Erinnerungen mitnehmen – in die Momente, die mich zu dem Menschen gemacht haben, der ich heute bin.

Wenn ich über meine Kindheit spreche, sage ich oft: „Teenager haben ein Kind bekommen." Diese Worte tragen viel Gewicht. Was bedeutet das? Als ich geboren wurde, war meine Mutter gerade einmal 18 Jahre alt, mein Vater 19.
Sie standen selbst noch am Anfang ihres Lebens – voller Hoffnungen, aber auch Ängsten, Sorgen und Unsicherheiten. Diese Herausforderungen prägten nicht nur sie, sondern auch mich.

Heute sehe ich klarer: Meine Eltern haben in ihrer eigenen Jugend gekämpft – mit sich selbst, mit der Welt und mit den Rollen, die sie so früh übernehmen mussten. Diese Kämpfe hinterließen Spuren – bei ihnen und bei mir. Drei besondere Ereignisse in meinem Leben zeigen mir jedoch, warum vieles so kommen musste, wie es gekommen ist.

Das erste Ereignis liegt weit zurück, am Tag meiner Geburt. Ich wurde mit einer Saugglocke zur Welt geholt. Damals konnte niemand wissen, wie symbolisch dieser Moment für mein Leben sein würde. Es fühlte sich an, als wollte ich nicht loslassen, als hätte ich Angst vor dem, was auf mich zukommen würde. Diese Unsicherheit hat mich viele Jahre begleitet.

Das zweite Ereignis ereignete sich vor etwa 15 Jahren. Ich führte ein klärendes Gespräch mit meinem Vater – eines, das unvermeidlich und gleichzeitig überfällig war. Ich ließ all meine Emotionen, Verletzungen und Gefühle heraus. Und seine Antwort? Nur ein einziger Satz: „Ich würde alles wieder genauso machen." Diese Worte trafen mich wie ein Schlag. Sie enttäuschten mich tief. Doch mit der Zeit verstand ich: Dieser Moment war ein Wendepunkt. Er half mir, mich von den Erwartungen anderer zu lösen und meinen eigenen Weg zu finden.

Das dritte Ereignis ist das wundervollste von allen – die Geburt meiner Tochter im Jahr 2009. Als ich sie das erste Mal in meinen Armen hielt, spürte ich eine Liebe, die größer war als alles, was ich je gekannt hatte. Gleichzeitig brachte sie mich dazu, meine eigene Vergangenheit mit anderen Augen zu betrachten.

Ich erkannte, wie tief die Muster und Erfahrungen meiner Kindheit in mir verwurzelt waren. Das ich nun die besondere Möglichkeit hatte, diese Ketten zu durchbrechen. Die Geburt meiner Tochter schloss für mich einen Kreis: Ich verstand, dass es nicht darum geht, perfekt zu sein, sondern bewusst zu leben. In ihr sehe ich ein neues Leben sowie auch die Chance, Altes zu heilen und natürlich auch ganz neue Wege zu gehen.

Diese drei Ereignisse haben mich geprägt und mir geholfen, zu erkennen, wer ich bin. Die Reise der Selbsterkenntnis, die daraufhin begann, war lang und nicht immer leicht. Doch sie führte mich zu mir selbst. Ein wichtiger Begleiter auf meinem Weg war die Poesie. Das Schreiben half mir und hilft mir auch noch heute, die Tiefen meiner Erfahrungen zu erforschen, meine Gefühle zu verstehen und in den Herausforderungen des Lebens einen Sinn zu finden.

Auf den kommenden Seiten möchte ich dich an diesen Erlebnissen teilhaben lassen. Vielleicht findest du dich in den Worten wieder, vielleicht inspirieren sie dich, über deinen eigenen Weg nachzudenken. Was auch immer passiert – lass dich überraschen von den Impulsen, die auf dich warten.

„Egal ob Fragezeichen oder Ausrufezeichen.
Ein Zeichen gibt es immer. Doch sei dir bewusst.

Nichts ist schwieriger als das zu sehen, was direkt vor unseren
Augen liegt."

~ *Sascha Kalkbrenner*

Der Blick nach vorne

Die Reise endet niemals hier,
sie ruft nach uns, durch Zeit, durch Wir.

In jedem Schritt, den wir heut wagen,
liegt Kraft, uns neu emporzutragen.

Die Wunden heilen, Träume blühn,
wir dürfen stets nach vorne ziehn.

Im Wandel liegt des Lebens Zauber,
jeder Morgen strahlt als ein Erbauer.

Ein Kommen und Gehen

Von zwei besonderen Menschen inspiriert,
wurde an mich ein Gefühl adressiert.

Von meiner Tochter, sie wurde 2009 geboren,
und Oma, die ich kurz danach hab verloren.

Dieses Extrem von Glück und auch Trauer,
brachten Erkenntnisse, machten mich schlauer.

Somit ist es Zeit dies Zeile zu schreiben:
„Wer darf gehen und wer darf bleiben?"

Um es mal ganz einfach zusammenzufassen,
es kommen immer Momente, um loszulassen.

Versuche mehr auf deine Gefühle zu hören,
von Menschen zu lösen, die deinen Lebensweg stören.

Doch der Weg dahin ist wahrlich nicht leicht,
doch irgendwann ist einfach ein Limit erreicht.

Daher wünsche ich dir, still und leise,
gute Entscheidungen auf deiner Reise.

Im Schatten der Leistung

Wir messen uns stets an Zahlen und Glanz,
gefangen im Rhythmus vom ewigen Tanz.

Anerkennung wächst durch das, was man tut,
Erfolg wird vergoldet, doch selten mit Mut.

Wir werden nur gesehen, wenn wir scheinen,
doch können uns dem Druck nicht entleinen.

Die Bedürfnisse von uns, bleiben auch versteckt,
von Erwartungen stets ins Dunkle geheckt.

Denn meist zählt allein nur das Funktionieren,
im Streben nach Mehr kein Platz zum Verlieren.

Ein System, das uns treibt, immer besser zu sein,
wo Fehler nicht zählen, Perfektion ist allein.

Lasst uns erinnern, was wirklich zählt,
Menschsein ist mehr als das, was uns quält.

Unsere Bedürfnisse dürfen endlich erklingen,
sie sind die Schätze, die uns in Einklang bringen.

Erwachen im Verborgenen

Das Flutlicht erstrahlt, die Reise beginnt,
kein Spiel mit Toren, nur das innere Kind.

Nichts mehr verdrängen, was tief in uns ruht,
zuzuhören, was es sagt – mit Offenheit und Mut.

Es spüren, nicht fliehen, kein Bann soll bestehen,
die Anteile in Frieden, die Welt neu verstehen.

Aufmerksam lernen ihnen neu zu vertrauen,
auch wenn sie den Drang verspüren, abzuhauen.

Denn die Wahrheit ist es, die uns oft verwirrt,
wer glaubt Sie zu vertreiben, der hat sich geirrt.

Der Weg aus der Stille

Zu früh die Last, zu schwer der Stein,
doch tief im Herzen blieb ich mein.

Enttäuscht vom Leben, oft allein,
wurde die Poesie zu meinem Heimatschein.

Die Stille war laut, die Schatten so nah,
die Kindheit ein Flüstern, vergangen, doch da.

Ich suchte nach Worten, Zeichen, nach Licht,
doch fand nur Zweifel, der Hoffnung verspricht.

Ich schrieb meine Narben, meinen Schmerz,
buchstabierte die Ängste, erlöste mein Herz.

Die Nacht wurde heller, die Stimme erwacht,
aus Asche geboren, zur Stärke gemacht.

So erwächst aus Dunkelheit für dich das Licht,
das nun für immer durch meine Zeilen spricht.

Im Takt der Lebensuhr

Es gibt die Frage nach dem wahren Sinn,
warum bin ich so, so wie ich bin?

Wenn wir das Licht der Welt erblicken,
beginnt sofort die Uhr zu ticken.

Eine Reise unserer Lebenszeit,
doch mit der Frage, nur wie weit?

Was werden wir so alles erleben?
Was wird uns genommen und was gegeben?

Wie gehen wir mit allem um?
Gibt es Antworten auf das Warum?

Ununterbrochen läuft unser Lebenszähler,
lernen Neues dazu, wir machen Fehler.

Mal geht's uns gut und auch mal schlecht,
mal liegen wir falsch, mal haben wir Recht.

In der Kindheit geprägt für unser Leben,
doch wurde uns auch genug gegeben?

Denn alles aus unserer Vergangenheit,
bedeutet Freiheit oder Befangenheit.

Ich schreibe vieles in solchen Gedichten,
denn jeder hat so seine eigenen Geschichten.

Doch was ist einfach und was ist wichtig?
Und was ist falsch oder was ist richtig?

Wo liegt die Wahrheit und was ist Weise?
All das erzählt uns wohl die Lebensreise.

Doch wie lange sie geht, die eigene Tour,
das entscheidet allein unsere Lebensuhr!

Der Blick nach innen und außen

Im Spiegel der Seele, so tief und klar,
liegt Schmerz verborgen, unendlich, wahr.

Ein Blick nach innen, ein stiller Raum,
wo Zweifel fliegen, wie Blätter im Traum.

Die Wunden sprechen von alter Zeit,
von Kämpfen, Verlust, von Einsamkeit.

Doch auch im Schatten wohnt ein Licht,
das leise flüstert: „Vergiss dich nicht."

Denn selbst im Schmerz, im tiefsten Tal,
trägt jeder Schritt die Kraft zur Wahl.

Zu sehen, was war, und wer wir sind,
ein Neubeginn, so zart, so lind.

Und im Schmerz, so tief und auch so rein,
liegt auch die Schönheit, ganz verborgen, klein.

Der wahre Gewinn des Lebens

Zum Leben gehören auch die Niederlagen,
die enttäuschend auf die Seele schlagen.

Selbst bei allen Siegen, die Gefühle erfroren,
habe ich trotz der Erfolge, immer verloren.

Meine Bedürfnisse blieben stets verborgen,
doch gesund war das nie – nur voller Sorgen.

Denn in Wirklichkeit macht nur eines Sinn,
gesehen zu werden, ist der größte Gewinn.

Weil mit Leistung, schneller, höher, weiter,
bleibt jeder am Ende immer nur Zweiter.

Meine Lieblingssprüche & was Sie für mich bedeuten – Teil 1

„Sei nicht traurig, dass es vorbei ist, sondern freue dich, dass es gewesen ist." ~ unbekannt
Das Leben ist geprägt von Momenten, die kommen und wieder gehen. Die Essenz dieses Zitats erinnert mich daran, mit Dankbarkeit auf das Vergangene zu blicken,

anstatt in Trauer über das Ende zu verharren. Jeder Abschnitt unseres Lebens, jede Erfahrung und jede Begegnung sind wertvoll, auch wenn sie nicht von Dauer sind. Lasse uns gemeinsam verschiedene Perspektiven erkunden, die uns helfen können, diese Weisheit zu verstehen und zu verinnerlichen.

Dankbarkeit ist ein Schlüssel, der uns hilft, den Wert eines Moments zu erkennen, auch wenn er vorbei ist. Eine schöne Reise, eine erfüllte Beziehung oder eine erfolgreiche Lebensphase mögen zu Ende gegangen sein – doch das Glück, das sie uns brachten, bleibt in unseren Erinnerungen lebendig. Indem wir dankbar zurückblicken, ehren wir diese Zeiten und belasten sie nicht mit Wehmut.

Vergänglichkeit ist ein unvermeidlicher Teil des Lebens. Doch gerade diese Vergänglichkeit macht Augenblicke kostbar. Wenn wir akzeptieren, dass nichts für immer bleibt, können wir jeden Moment bewusster genießen und ihm seinen Platz in unserer Lebensgeschichte geben.

In Momenten des Abschieds – sei es das Ende einer Lebensphase oder der Verlust eines geliebten Menschen – hilft uns dieses Zitat, die Trauer zu überwinden, indem wir uns auf das Positive besinnen: auf die Gelegenheit, schöne Erlebnisse und wertvolle Verbindungen erfahren zu haben. Es erinnert uns daran, im Hier und Jetzt zu leben. Jeder Moment, den wir bewusst wahrnehmen, wird zu einem Schatz, den wir in uns tragen können. Sich an die Vergangenheit zu erinnern, schenkt uns nicht nur Trost, sondern auch Frieden und Freude im gegenwärtigen Augenblick. Unsere Vergangenheit ist nicht nur ein Ort der Freude, sondern auch der Lektionen. Jede Erfahrung – ob erfüllend oder schmerzhaft – formt uns und bereichert unser Leben. Selbst aus schwierigen Zeiten können wir Weisheit schöpfen und daran wachsen.

Alles, was gewesen ist, hat uns zu der Person gemacht, die wir heute sind. Das Leben bewusst zu reflektieren und dankbar für vergangene Erfahrungen zu sein, schafft eine starke Grundlage, auf der wir unsere Zukunft aufbauen können. Für Künstler und kreative Menschen sind vergangene Erlebnisse oft eine Quelle der Inspiration. Die Freude darüber, dass etwas gewesen ist, erlaubt es uns, das Erlebte in etwas Neues zu verwandeln – sei es durch Worte, Musik, Kunst oder andere Ausdrucksformen.

Der Spruch ist eine Einladung, das Leben in all seiner Vielfalt zu würdigen und zu feiern – nicht trotz, sondern gerade wegen seiner Vergänglichkeit. Er fordert uns auf, loszulassen und zugleich festzuhalten: nicht an dem, was endet, sondern an der Freude darüber, dass es war.

„Habe Vertrauen in jedes Kapitel deiner Geschichte. Du bist genau da, wo du sein sollst." ~ Mandy Hale

Das Leben ist wie ein Buch, geschrieben in Kapiteln, die uns prägen und wachsen lassen. Einige leuchten vor Freude, andere sind von Dunkelheit und Zweifel durchzogen. Oft verstehen wir erst im Rückblick, warum jedes Kapitel wichtig war, doch alle tragen zur einzigartigen Geschichte bei.

Vielleicht befindest du dich gerade in einer Phase voller Unsicherheit. Der Weg fühlt sich schwer an, und du fragst dich, wohin er führt. Doch vertraue darauf: Du bist genau da, wo du sein sollst. Jede Erfahrung ist Teil eines größeren Bildes, das sich mit der Zeit entfaltet.

Es gibt Momente, in denen wir uns in einem Kapitel verlieren – voller Schmerz oder Abschied. Doch auch diese Abschnitte haben ihren Sinn. Sie lehren uns Stärke, Mitgefühl und Resilienz, um das Licht umso heller zu sehen, wenn es zurückkehrt.

Hab Geduld mit dir selbst. Akzeptiere den Moment, ohne Angst vor dem, was kommt. Erinnerst du dich an Zeiten, in denen du dachtet, du würdest es nicht schaffen – und doch bist du hier? Jedes Kapitel, ob schmerzhaft oder schön, macht dein Leben zu einem einzigartigen Kunstwerk. Und auch wenn du heute nicht verstehst, warum etwas passiert ist – irgendwann wirst du es. Blättere weiter, mutig und vertrauensvoll. Dein Buch ist noch nicht zu Ende und die nächste Seite wartet.

Schwere Last

Ob Täler, ob Berge,
ob Riesen, ob Zwerge.

Ob Schotter, ob Kiesel,
ob Ton, ob Ziegel.

Ob Felsen, ob Steine,
ob deine, ob meine.

Ob mächtig, ob groß,
ganz egal wie schwer, lass einfach los.

Reflexion des Ungleichgewichts

Es gibt so viel Leid auf der ganzen Welt,
Menschen verhungern, sterben, haben kein Geld.

Kein Haus, kein Strom, nicht einmal Licht,
fließendes Wasser, Medizin – kennen Sie nicht!

Kein Handy, Auto, kaum Kleidung zum Leben,
es betrifft so viele – was kann man nur geben?

Da kann man jetzt fragen: Und was tun wir nun?
Die Antwort ist: Was müssen wir tun?

Denn wir haben ja alles, das ist die Realität,
und sorgen uns oft nur ums eigene Geld.

Das klingt jetzt banal, doch es macht uns klar,
wie viel jeder hat – und wie wenig so rar.

Vielleicht lohnt es jetzt, sich selbst zu besinnen,
und dem oben Gesagten mal zuzustimmen!

Es gibt immer jemanden, dem es schlechter geht –
dies als ein Denkanstoß, den jeder versteht.

Sehnsucht nach Erleichterung

Was gäbe ich für einen Tag ohne Schmerzen,
dass wünsche ich mir von ganzem Herzen.

Einen ganzen Tag, mal ohne Beschwerden -
kann dieser Wunsch jemals Wirklichkeit werden?

Mehr als ein Wunsch, ein klares Ziel,
das ist doch wirklich nicht zu viel.

Doch welche Dinge braucht es dafür?
Was öffnet mir die richtige Tür?

Ist es die Geduld, die mir den Weg weist,
oder die Kraft, die das Leben verheißt?

Vielleicht ist es Liebe, die mich führt,
die meinen Geist und mein Herz berührt.

Ich suche den Schlüssel, ich suche die Zeit,
die mir zeigen, dass Heilung mich befreit.

Denn in der Tiefe verbirgt sich ein Geschenk,
das uns auf dem Weg des Lebens lenkt.

Die Flucht vor dem Ich

Wir flüchten vor uns, verstecken uns gern,
die Wahrheit entkommt uns niemals von fern.

Wir meinen, das Rennen macht alles leicht,
doch merken, dass keine Vergangenheit weicht.

Gefangen in Kreisen, ein endloses Spiel,
immer das Gleiche, doch ohne Ziel.

Es wird uns klar, wie soll's weitergehen,
wir dürfen uns ändern, wir dürfen verstehen.

Die Zeit ist gekommen, das Alte bricht,
nur wer sich dem stellt, sieht das wahre Licht.

Kein Rennen, Fliehen, das hält uns nicht auf,
der Weg zur Erkenntnis, ein mutiger Lauf!

Kämpferherz

Ich wuchs auf in einem Haus, das oft so still,
wo niemand hörte, was ich wirklich will.

Doch im Fußball fand ich einst Stärke und Halt,
doch blieb stets einsam und innerlich kalt.

Ein Einzelkämpfer zu sein, so hab ich's gelernt,
denn die Welt ist hart, wenn dich keiner erwärmt.

Ein Freundeskreis zu haben, war nie mein Glück,
zog allein in die Welt, als ein Einzelstück.

Dann kam ein Mensch, der mein Herz berührt,
hat mir gezeigt, dass nichts mehr alleine passiert.

Seit einigen Jahren steht sie fest zu mir,
ist meine Heimat, die Kraft - mein Wir.

Sie glaubt an mich, auch wenn ich mal wanke,
steht hinter mir – sage hier auch mal Danke.

Mit ihr wurde mein Weg stabiler und klar,
sie ist wie ein Licht, wo oft Dunkelheit war.

Ein Kämpfer bleib ich, doch nicht mehr allein,
denn die Liebe lässt mich, ich selbst zu sein.

Sie gibt mir Kraft, neue Hoffnung und Mut,
mit ihr bin ich, ich selbst - und es wird alles gut.

Narben eines Kriegers

Habe als Krieger viele Schlachten geschlagen,
und in diesen einiges an Schmerzen ertragen.

Mal leicht und auch mal schwer verletzt,
von einem Kampf zum nächsten gehetzt.

Wenn du jedoch versuchst, die Rüstung abzulegen,
wird es erst schwer den Frieden zu bewegen.

Es baut sich auf, wie ein innerer Frust,
weil du heute nicht mehr kämpfen musst.

Dies braucht Platz, um es im Kopf zu verstehen,
nämlich in keinen weiteren Kampf zu gehen.

Den Schutzschild einfach mal wegzuschließen,
um endlich Ruhe zu finden, das Leben genießen.

Doch die Heilung der Wunden braucht viel Zeit,
denn bisher schützte dich stets ein Eisenkleid.

Um Erlebnisse der Vergangenheit zu überwinden,
gilt es, einen Weg für Lösungen zu finden.

Wenn du auch einer dieser tapferen Krieger bist,
hoffe ich, dass es dir hilft, wenn du das jetzt liest.

Denn die Gewissheit, wirklich heil zu überleben,
kommt erst, wenn wir uns die Erlaubnis geben!

Die Macht des Denkens

Wenn du denkst, du denkst zu viel,
und das Denken denkt, was für ein Spiel.

Wenn du dann denkst, oh Mist, ist real,
doch dem Denken ist das völlig egal.

Das Denken denkt sich seinen Teil,
denn es denkt nun mal ins kleinste Detail.

Dem Denken zählt nur, es wird gehört,
ganz gleich, was es damit alles zerstört!

2. Kapitel

Glück, Heilung und Freude

Nach der Dunkelheit und nach dem Schmerz,
kommt jetzt das Glück, es heilt das Herz.

Es wächst, wie Blumen im ersten Schein,
führt uns zum Licht, lässt uns nicht allein.

Wo Trauer lag, da blüht nun Freude,
aus tiefem Schmerz wird neue Weide.

Der Weg ist lang, doch nicht mehr schwer,
denn Heilung hilft uns dabei sehr.

Aus Tränen wächst der Mut, der heilt,
und Liebe bleibt, wo das Dunkle verweilt.

In jedem Schritt, in jedem Traum,
entsteht unser Leben, baut uns einen Raum.

Das Stehaufmännchen

Das Leben nimmt so seinen Lauf,
und wenn Du hinfällst, steh wieder auf.

Egal, wie tief du auch immer fällst,
und wie sehr du dich damit auch quälst.

Entscheidend ist, mit Willen und Mut,
sich wieder aufzurichten, denn das ist gut.

Daraus gestärkt hervorzugehen,
mit Zuversicht nach vorn zu sehen.

Sich aufzurichten und wieder zu stehen,
aus den Geschichten zu lernen, um sie verstehen.

Wenn du einmal mehr aufstehst als hinzufliegen,
dann wird dich auch niemand unterkriegen.

Doch wenn du weißt, dass du fällst, dann seh,
dich vorher hinzulegen, dann tut´s nicht so weh.

Denn im Leben gibt´s meist nur das eine Spiel:
Erst gar nicht zu fallen, denn das ist das Ziel.

Es ist wie es ist

Egal, was alle sagen,
ganz egal, was sie auch beklagen.

Egal, was alle denken,
ganz egal, ob sie dir Achtung schenken.

Egal, was andere glauben,
ganz egal, was sie dir erlauben.

Egal, was alle in dir sehen,
ganz egal, ob sie dich verstehen.

Dann antworte: Nur dass ihr es alle wisst,
ich bin, wie ich bin, und es ist, wie es ist.

Der Lauf des Lebens

Es läuft nicht immer alles nach Plan,
vieles kommt dir vor wie Größenwahn.

Doch so ist nun mal der Lauf im Leben,
dass Wichtigste ist, niemals aufzugeben.

Dinge anzunehmen und auch zuzulassen,
sich selbst zu lieben und nicht zu hassen.

Jeden Tag als ein Geschenk zu sehen,
freudig und offen durchs Leben zu gehen.

Du bist so gut, so wie du bist,
beobachte und lerne, wie das Leben ist.

Fokussiere dich auf den einzelnen Moment,
bleib stets wie du bist und nutze dein Talent.

Sei jederzeit dankbar, zu jeder Stund,
um sich zu ärgern, gibt's keinen Grund.

Ganz egal, was auch passiert, eins ist klar,
es gibt immer jemand, der ist für dich da!

Wünsche entfesseln

Seine Wünsche von innen nach außen zu tragen,
sind keine Schwäche und auch kein Versagen.

Ein Weg, der die Wünsche zum Ausdruck bringt,
obwohl es in der Theorie oft einfacher klingt.

Doch der Versuch ist, was mir Hoffnung gibt,
damit der Schalter im Kopf auf „Öffnen" kippt.

Somit keinen Wunsch mehr für sich zu behalten,
teile Sie mit und höre auf Sie zu verwalten.

Denn Wünsche sind mehr als nur stille Träume,
sie sind wie Samen, sie wachsen wie Bäume.

Jeder Gedanke, jede Idee die du hegst,
wird ein Teil von dem, was du künftig bewegst.

Wenn du sie aussprichst, werden sie klar,
werden zu Zielen, so greifbar und wahr.

Vertrau auf dich selbst und sei ganz gespannt,
denn wer sich öffnet, dem wird sein Weg genannt.

Das bunte Geflecht des Lebens"

Die Freude tanzt im Takt, so chic,
das Glück erwacht im Augenblick.

Sowie die Liebe, die im Herzen blüht,
und Wertschätzung, die uns tief durchglüht.

Respekt, der zart die Brücken baut,
der Spaß, der uns zum Lachen traut.

Auch Hoffnung, die in dunklen Stunden,
mit Glauben wieder neu gefunden.

Doch Wut durchströmt die Seele heiß,
der Ärger fordert seinen Preis.

Die Trauer zieht uns leise nieder,
der Kummer fließt durch alle Glieder.

Doch all das formt, was uns bewegt,
im Einklang, das in Vielfalt lebt.

Wo jedes Gefühl und jeder Wert,
unser Dasein auf allen Ebenen nährt.

Im Spiel der Blicke

Genießt du lieber ANSEHEN oder erregst du lieber AUFSEHEN? Möchtest du lieber ZUSEHEN oder eher WEGSEHEN?

Willst du, dass die Leute zu dir AUFSEHEN oder dich ÜBERSEHEN? Sollen die Menschen in dich HINEINSEHEN oder lieber HINDURCHSEHEN? Lieber an dir HOCHSEHEN oder eher von dir ABSEHEN?

Oder vielleicht ist es dir auch egal?

Es könnte auch einfach darum gehen, dass sie sich VORSEHEN, dass sie sich UMSEHEN, die Perspektive wechseln, und erst dann genau HINSEHEN, wenn sie bereit sind, dich wirklich zu verstehen. Einfach im Moment zu sein und gut AUSSEHEN, so wie du bist. Denn genau dann wirst du auch GESEHEN – wirklich, mit all deinen Facetten.

Das war's! Und auf ein baldiges WIEDERSEHEN, wenn du bereit bist, die Welt aus einem anderen Blickwinkel zu betrachten.

Im Bann der Buchstaben

Keine Panik, ich habe es wieder hinbekommen,
hatte eine Überdosis an Buchstaben genommen.

Die mich im Wahnsinn zum Schreiben verführte,
und in diesem Augenblick emotional berührte.

Wie auf Droge schossen die ganzen Gedanken,
als würde ich ununterbrochen Worte tanken.

Irgendwie krass, was da so im Rausch passiert,
weil man auf einmal um sich herum alles verliert!

Das Leben und seine Gegensätze

Ob frei oder ob gefangen,
ob geblieben oder ob gegangen.
Ob klar oder ob getrübt,
ob wacklig, ob geübt.
Ob irritiert oder ob fokussiert,
ob gekonnt, ob untrainiert.
Ob zufällig oder ob gewollt,
ob freudig, ob geschmollt.

Ob unbeständig, ob konstant,
ob Single oder Hand in Hand.
Ob zusammen, ob getrennt,
ob unmodern oder im Trend.
Ob unverständlich, ob klar,
ob hier & jetzt oder das, was war.
Und zum Schluss fürs Protokoll,
es kommt, wie es kommen soll

„Das Leben fordert uns auf, uns immer wieder neu zu orientieren. Es lässt uns zwischen verschiedenen Welten wandern, von denen jede ihre eigenen Regeln hat.

Leben ist oft ein Spiel der Gegensätze

Ob Wald, ob Bäume,
ob Kopf, ob Träume.
Ob Zahn, ob Fee,
ob Glück, ob Klee.
Ob Gedicht, ob Spruch,
ob Test, ob Versuch.
Ob Pult, ob Lehrer,
ob Radio, ob Fernseher.

Ob Geister, ob Schloss,
ob Ober, ob Geschoss.
Ob Kopf, ob Kissen,
ob Bühnen, ob Kulissen.
Ob Sprudel, ob Wasser,
ob Texte, ob Verfasser.
Ob Wochen, ob Ende,
ob Sand, ob Strände.
Ob Sonnen, ob Brillen,
ob Luxus, ob Villen.
Ob Kopf, ob Kino,
ob Spiel, ob Casino.
Ob Holz, ob Leim,
ob Gedichte, ob Reim.
Ob Kerzen, ob Licht,
ob Schatten, ob Sicht.
Ob Papier, ob Feder,
ob Wild, ob Leder.
Ob Regen, ob Tropfen,
ob Türen, ob Klopfen.
Ob Sekt, ob Glas,
es macht einfach Spaß.

Aus zwei Richtungen

Ob Opfer, ob Rolle,
ob Baum, ob Wolle.
Ob Blick, ob Winkel,
ob feiner, ob Pinkel.
Ob klug, ob Scheißer,
ob Stein, ob Beißer.
Ob Sicht, ob weise,
ob Götter, ob Speise.
Ob Garten, ob Zwerg,
ob Eis, ob Berg.
Ob ins, ob geheim,
passt alles zusammen oder allein.

Das Leben im Wechsel

Ob auflassen, ob zulassen,
ob reinlassen, ob rauslassen.
Ob anlassen, ob auslassen,
ob ranlassen, ob weglassen.
Ob dalassen, ob verlassen,
ob belassen, ob loslassen.
Ob mitdenken, ob ausdenken,
ob durchdenken, ob umdenken.

Ob überdenken, ob nachdenken,
ob vorausdenken, ob hineindenken.
Ist zu viel denken oder lassen sinnvoll,
weil es eh kommt, wie es kommen soll.

Abschied der Gegensätze

Ob kalt, ob warm,
ob reich, ob arm.
Ob still, ob laut,
ob zweifelnd, ob vertraut.
Ob weit, ob nah,
ob klar, ob da.
Ob dunkel, ob hell,
ob langsam, ob schnell.
Ob gestern, ob heute,
ob Freiheit, ob Beute.

Doch nun zum Schluss, das ist ganz sicher,
dass wars jetzt mit dem Buchstabenmischer.
Diese Gedichte spielen mit den Gegensätzen des
Lebens und zeigen auf humorvolle Weise, wie wir
zwischen verschiedenen Polen pendeln. Ein kleiner
Spaß, der uns zeigt, wie viel Freude auch im Spiel der
Gegensätze steckt.

Meine Lieblingssprüche & was Sie für mich bedeuten – Teil 2

„Die längste Reise in deinem Leben ist die von deinem Kopf zu deinem Herzen." ~ Thich Nhat Hanh

Es war einmal ein Wesen namens Amara, das in einer Welt lebte, in der das Denken alles beherrschte. Amara war eine Meisterin des Verstandes, eine Architektin von Plänen, eine Denkerin von Theorien. Ihr Leben war geordnet, kalkuliert und sicher. Für jede Frage hatte sie eine Antwort, für jedes Problem eine Lösung.

Doch trotz all ihres Wissens und ihrer Logik fühlte Amara, dass etwas fehlte. Es war ein leises Ziehen, ein unerklärliches Sehnen, das sich nicht in Worte fassen ließ.

Eines Tages, nach einem besonders anstrengenden Tag, beschloss Amara, einen Spaziergang zu machen. Es war ein lauer Abend, und die Straßen der Stadt lagen ruhig und still. Ohne es zu merken, fand sie sich in einem kleinen Park wieder, den sie schon seit langer Zeit nicht mehr besucht hatte. In der Mitte des Parks stand eine alte Bank, und daneben ein verwittertes Schild mit der Aufschrift: „Der Weg zum Herzen beginnt hier."

Amara lächelte. „Wie poetisch", dachte sie.

Doch etwas an diesen Worten hielt sie fest. Es war, als hätte das Schild auf sie gewartet. Sie setzte sich auf die Bank und schloss die Augen. Ein leises Flüstern, kaum mehr als ein Hauch, schien sie zu erreichen: „Es ist Zeit zu reisen."

Plötzlich fand sich Amara auf einem Weg wieder, der sich durch eine unbekannte Landschaft schlängelte. Der Pfad war weder gerade noch klar; er bog sich, stieg an und führte sie durch dichten Nebel. Mit jedem Schritt bemerkte Amara, wie ihre Gedanken lauter wurden: Zweifel, Analysen, Urteile. „Wo führt das hin?", fragte sie sich. „Warum bin ich hier?"
Doch der Weg ließ sich nicht durchdenken. Je mehr Amara versuchte, ihn zu verstehen, desto unübersichtlicher wurde er. Schließlich blieb sie stehen, erschöpft und frustriert. In diesem Moment hörte sie eine Stimme, warm und sanft: „Du kannst den Weg nicht mit deinem Kopf finden, Amara. Du musst ihn fühlen."

Zum ersten Mal ließ Amara los. Sie hörte auf, nach Erklärungen zu suchen, und begann, ihre Umgebung wahrzunehmen – das Rauschen der Bäume, den Duft von frischem Gras, das Gefühl des Bodens unter ihren Füßen. Ein Lächeln stahl sich auf ihr Gesicht.

Der Weg führte sie durch verschiedene Landschaften. Einige waren voller Blumen und Licht, andere schienen rau und steinig.

Amara begegnete Erinnerungen, die sie längst vergessen hatte: das Lachen ihrer Kindheit, der Schmerz eines Abschieds, die Freude eines ersten Kusses. Jede Station brachte sie näher an etwas, das sie nicht benennen konnte, dass sie aber mit jedem Schritt leichter und lebendiger machte.

Eines Tages erreichte sie ein kleines Haus. Es war unscheinbar, aber einladend. Auf der Tür stand: „Dein Herz." Amara zögerte. Ihr Kopf war noch immer voller Fragen: „Was werde ich dort finden? Was, wenn ich nicht bereit bin?" Doch etwas in ihr – eine leise, aber beständige Stimme – ermutigte sie, die Tür zu öffnen.

Im Inneren des Hauses fand Amara keinen großen Schatz, keine überwältigende Erkenntnis. Stattdessen war dort ein Raum voller Wärme, erfüllt von einem sanften Licht, das von überall und nirgends zu kommen schien. In der Mitte stand ein Spiegel. Als Amara hineinsah, erkannte sie sich selbst – nicht das Wesen, das sie zu sein glaubte, sondern den Menschen, der sie wirklich war. Sie sah ihre Stärke, ihre Verletzlichkeit, ihre Träume und Ängste. Zum ersten Mal fühlte sie sich vollkommen verbunden – mit sich selbst, mit der Welt, mit dem Leben. Es war, als hätte sie endlich nach Hause gefunden.

Amara verstand, dass der Kopf ein guter Diener, aber kein Meister ist. Der Verstand kann uns durch viele Situationen helfen, doch das Herz ist der Ort, an dem das Leben wirklich geschieht. Es war keine leichte Reise, aber sie hatte sie mit etwas Unermesslichem belohnt: dem Wissen, dass das Herz nicht nur ein Ziel, sondern auch ein Kompass ist.

Vielleicht bist auch du gerade auf dieser Reise – vom Kopf zu deinem Herzen. Sie mag herausfordernd sein, voller Wendungen und unerwarteter Begegnungen. Doch wisse, dass sie wertvoll ist. Dein Herz hält die schönsten Ziele für dich bereit: Frieden, Freude, Liebe und ein tiefes Verständnis für dich selbst.

„Wir können das Leben nur rückwärts verstehen, doch Leben dürfen wir es vorwärts"
~ Søren Kierkegaard

Das Leben, so sagt man, lässt sich nur rückwärts verstehen, doch leben müssen wir es vorwärts. Eine Wahrheit, die sowohl schlicht als auch tiefgründig ist. Erst im Rückblick offenbart sich uns die Bedeutung dessen, was wir erlebt haben: Die Begegnungen, die uns verändert haben, die Umwege, die uns an Orte führten, die wir nie gesucht hätten, und die Entscheidungen, die uns geprägt haben – auch wenn wir ihren Sinn oft erst Jahre später begreifen.

Doch das Leben bleibt ein Vorwärtsschreiten. Es verlangt von uns, den nächsten Schritt zu wagen, oft ohne zu wissen, wohin er uns führen wird. Der Blick zurück mag uns Erkenntnis schenken, aber die Zukunft fordert von uns Mut. Sie ist ein weißes Blatt, das darauf wartet, beschrieben zu werden – nicht mit den Worten von gestern, sondern mit den Entscheidungen von heute.

Auf deiner Reise magst du dich fragen, warum manche Dinge geschehen sind oder welchen Sinn sie haben. Die Antwort darauf liegt nicht immer sofort vor dir, aber sie ist da. Vielleicht nicht heute, vielleicht nicht morgen, doch irgendwann wird sich das Puzzle fügen, und das, was einmal chaotisch erschien, wird eine Ordnung zeigen, die dir Trost und Klarheit schenkt.

Die Kunst des Lebens besteht darin, diesen Zwiespalt auszuhalten: das Vergangene mit Weisheit zu betrachten und das Zukünftige mit Vertrauen zu begrüßen. Verharre nicht zu lange in der Rückschau, denn sie hält keine neuen Möglichkeiten bereit. Wende deinen Blick stattdessen nach vorn – dorthin, wo deine Freiheit und dein Gestaltungsraum liegen.

Erlaube dir, im Ungewissen zu leben. Das Leben verlangt nicht, dass du alles verstehst, sondern dass du dich darauf einlässt. Schritt für Schritt entsteht dein Weg, auch wenn du die ganze Karte noch nicht kennst.

Die Reise der Heilung

In den Narben liegt ein stilles Erzählen,
von Stürmen, die unser Leben befählen.

Von Wunden, die so tief in uns gebrannt,
haben wir unsere Stärke dadurch neu erkannt.

Der Schmerz, so schwer, ein stummer Begleiter,
macht uns geformter, macht uns gescheiter.

Denn jede Spur, die der Schmerz hinterlässt,
ist Teil von dem, was uns wachsen lässt.

Wir sind nicht die Wunden, die uns benennen,
nicht Narben, die uns jemals trennen.

Wir sind der Fluss, der stetig fließt,
der uns durch Zeit und Wandel genießt.

In jedem Schritt, so schwer er auch sei,
liegt eine Wahrheit, tief und frei.

Und wenn wir den Weg zur Liebe wagen,
verblasst der Schatten an schweren Tagen.

Denn Heilung ist das, was uns vereint,
ein Leuchten, das in uns nie verneint.

Nicht makellos, doch hell und klar,
es macht uns schön, es macht uns wahr.

Versöhnung mit der Zeit

Die Zeit vergeht, was bleibt, sind Spuren,
ein Bild aus Lachen, Schmerz und Uhren.

Denn die Vergangenheit, oft schwer zu tragen,
formt sie uns in all unseren Tagen.

Was wäre heute, hätte es sie nicht gegeben,
die Schatten, die unsere Prüfungen weben?

Jedes Stolpern und jeder Schritt,
nahm uns das Alte, gab uns Neues mit.

Mag jener Augenblick auch richtig schmerzen,
so formte er unsere wachen Herzen.

Jedes Gestern ist ein Erfahrungswert,
der uns Tag für Tag etwas Neues lehrt.

Was, wenn wir lächeln, anstatt zu klagen,
und all das Gute mit uns tragen?

Kein Kampf mit Schatten, Schuld und Reue,
nur Frieden, der sich wieder neu erfreue.

So schließ mit dem Gestern deinen Bund,
kein „Was, wenn?", kein alter Schwund.

Schau nach vorne und nicht immer zurück,
denn jeder Tag bringt uns ein neues Glück.

Ein Schritt ins Neue

Warum verharren, warum verweilen,
warum die Zeit im Stillstand teilen?

Die Komfortzone ist bequem und klar,
doch bleibt sie stets, so wie sie war.

Denn hinter ihr liegt, noch still verborgen,
der Mut, die Chance auf ein neues Morgen.

Da kommt die Angst, sie macht uns klein,
doch jeder Weg führt in diese Zone hinein.

Wer wagt, der kann ins Lernen gehen,
neue Wege und auch Welten sehen.

Und sei gespannt, weil dort wartet bereit,
die Wachstumszone, die uns dann befreit.

Also furchtlos Schritte ins Ungewisse wagen,
anstatt auf Ewigkeit alte Lasten zu tragen.

Weil das Leben ruft, unsere Zeit sie verrinnt,
wer springt, der spürt, wie Freiheit beginnt.

Sei mutig und hör auf, nur still zu sein,
denn die Welt da draußen, sie lädt dich ein.

Die Uhr, sie tickt, die Zeit, sie eilt,
doch wer sich traut, der niemals verweilt.

Gehe immer dem Ruf deines Herzens nach,
denn jeder Schritt hält dich stets wach.

Du darfst es tun, du darfst es wagen,
versprochen, dann wirst du weniger klagen.

Es warten Abenteuer, Wachstum sowie Glück,
also gehe durch alle Zonen, Stück für Stück!

Der Mut zur Entscheidung

Wenn dein Inneres nach Klarheit schreit,
dich damit aus den Fesseln befreit.

Doch du jetzt Angst hast, sie zu treffen,
weil der Kopf, das Ego dagegen kläffen.

Es Ping-Pong mit deinen Gefühlen spielt,
und du nicht weißt, wohin es zielt.

Doch auf welcher Seite das Pendel hält,
wirst du sehen, wenn eine Entscheidung fällt.

Die Freiheit der Worte

Eine Flut von Worten die was sagen wollen,
die tief aus dem Inneren ans Tageslicht rollen.

Lange vergraben im inneren Schatten,
und bisher keinen Platz dafür hatten.

Doch jetzt ist die Zeit, sie herauszulassen,
weil Sie ganz genau an diese Stelle passen.

Denn wenn dein Herz auf der Zunge liegt,
fühlst du dich frei, und die Ehrlichkeit siegt.

Die Freiheit der Worte darf jeder wählen,
also hören wir auf, uns rumzuquälen.

Sage immer, was dir auf der Seele brennt,
dann siehst du auch, wer sie anerkennt.

Die Fackel der Hoffnung

Halte die Fackel für die, die noch nicht sehen,
und die Sterne leuchten den Weg, den wir gehen.

Mit Demut und Dankbarkeit ins neue Licht,
höre auf dein Gefühl, wenn es zu dir spricht.

Die Dunkelheit weicht, wenn Vertrauen erwacht,
und selbst kleine Schritte erhellen die Nacht.

Die Flamme in dir, sie flackert, sie brennt,
sie baut dir Brücken, weil sie dich kennt.

Halte die Fackel, lass sie nie vergehen,
denn in ihrem Schein können Wunder entstehen.

Die Kraft des inneren Gleichgewichts

Wir können Menschen erst etwas geben,
wenn wir zufrieden sind mit unserem Leben.

Wenn wir mit uns im Reinen sind,
in Harmonie mit unserem inneren Kind.

Gestärkt mit großem Selbstvertrauen,
um darauf etwas aufzubauen.

Dann fühlst du dich so langsam frei,
die Selbstliebe wächst dann auch dabei.

Und ist das alles mal in Balance gegeben,
stehen die Chancen gut für unser Leben.

Dann fällt uns das Geben auch wieder leicht,
und werden sehen, ob es für jenen reicht.

Wenn sich zwei Fremde umarmen

Kann was war und ist, zu Freunden werden,
ohne dadurch die Zukunft zu gefährden?

Kann Altes und Neues zusammenfinden,
ohne sich sofort an die Zukunft zu binden?

Das beide zu einem „Wir "verschmelzen,
und sich dann glücklich in Zufriedenheit wälzen.

Aufeinander hören, achten und vertrauen -
denn so lassen sich tolle Geschichten bauen.

Also lernt neugierig, geduldig einander kennen,
dann könnt ihr euch bald gute Freunde nennen.

Heimaterde

Die Welt, sie dreht sich Tag und Nacht,
doch wie geben wir auf unsere Erde Acht?

Sie schenkt uns allen, alles zum Leben,
und was ist es, was wir ihr geben?

Es ist nicht fair, weil sie mehr verdient,
dass der Erdball nicht nur uns Menschen dient.

Daher gestehen wir uns besser ein,
denn ohne Sie könnten wir nicht sein!

Wenn alle etwas mehr Dankbarkeit zeigen,
denn es hilft nicht, wenn wir alle schweigen.

Es liegt an uns allen, dass es besser werde,
verdammt, es geht um unsere Heimaterde.

Geschenk der Gegenwart

Im Hier und Jetzt liegt eine Kunst,
den Moment genießen - eine Gunst.

Halte jeden Augenblick für immer fest,
und füttere so positiv dein Lebensnest.

Damit hast du dir einen Moment geschenkt,
warst in diesem Augenblick nicht abgelenkt.

Somit halte ihn in deiner Erinnerung fest,
damit er dich auch nie mehr verlässt!

Aus der Feder des Lebens

Verletzt und enttäuscht, dass kennt ein jeder,
darum schreibe ich hier aus meiner Feder.

Unser Leben darf stetig weitergehen,
dafür lohnt es sich jeden Tag aufzustehen.

Angst vor der eigenen Wut

Hast du das Gefühl, dich mehr zu bewegen,
oder dich auf einen neuen Weg zu begeben?

Doch ob genau das immer das Richtige ist,
oder lieber mal da zu verweilen, wo du bist.

Die Wut in mir sitzt tief und sie brennt,
weiß noch nicht, ob sie mich erkennt.

Nur die Angst davor, sie hält mich klein,
sie lässt mich stets glauben, frei zu sein.

Manchmal zeigt sie sich in ganzer Pracht,
zieht in den Krieg, will stets an die Macht.

Doch das umzuwandeln in positive Energie,
mich so zu befreien und zu sein wie noch nie.

Die Angst vor der Wut, sie hemmt mich sehr,
sie ruft mir zu, „Ich kann nicht mehr".

Also lasse es zu, die Wut kann raus,
dann kehrt Ruhe ein, in mir zu Haus.

Der Schritt ins Licht

Lieber Gott,

alles, was ich seit Jahren empfinde,
helfe daher bitte deinem Kinde.

Somit möchte ich dich ehrlich fragen,
was möchtest du mir damit sagen?

Mein Sohn, lasse los und traue dich,
tritt aus der Nacht ins Sonnenlicht.

Du entscheidest also wann es ist,
und wie bereit du dafür bist.

Die Reise der Erkenntnis

Lass uns gemeinsam einen Blick zurückwerfen, auf die Reise, die mich hierherführte. Du hast nicht nur meine Worte gelesen, sondern die Geschichte eines Menschen erlebt, der das Leben in all seinen Facetten erfahren hat — in den leisen, zarten Momenten und in den schmerzhaften, die wie ein Sturm über uns hinwegziehen.

Es begann, wie so vieles, in der Kindheit. Eine Zeit, die so viele Masken trug — Masken des Schmerzes, der Unsicherheit, des Missbrauchs, der Angst. Aber auch Masken der Hoffnung, die immer wieder ein Licht in die Dunkelheit brachten. In all den Jahren habe ich mich immer wieder gefragt, wie ich die vielen Wunden, die mich begleiteten, in etwas Positives verwandeln könnte. Die Antwort lag in der Erkenntnis, dass Schmerz nicht nur zerstört, sondern auch heilt. Dass der Prozess des Wachsens mit Narben, aber auch mit einer neuen Stärke einhergeht. Die Narben, die mich auf dieser Reise begleiteten, wurden zu meinen Lehrern.
Als ich mich an den Tag erinnerte, als meine Tochter zur Welt kam. Da war es, als würde sich ein Kreis schließen. Endlich verstand ich, warum alles so geschehen musste, wie es geschehen ist.

Die Liebe, die ich für sie empfand, ließ alles, was vorher war, in einem völlig neuen Licht erscheinen. Plötzlich wurde mir klar: Es ging nicht darum, perfekt zu sein. Es ging darum, bewusst zu leben, zu lieben und zu heilen. In diesem Moment der völligen Hingabe an das Leben und die Liebe wurde mir die Bedeutung von Freiheit und Selbstakzeptanz klar.

Und so begann die Reise der Selbsterkenntnis – ein langsames Entwirren der Fäden, die mich gefangen hielten. Sie begann mit dem Loslassen von allem, was mich hinderte, und endete mit der Erkenntnis, dass es nicht darum geht, zu gefallen oder Erwartungen zu erfüllen, sondern einfach zu sein – in all meiner Unvollkommenheit und Schönheit. Und ich begann zu verstehen, dass diese Reise nie endet. Sie lebt in mir, sie lebt in dir, und sie lebt in jedem Augenblick.
Beleuchten wir auf den kommenden Seiten mal einige Gedichte, denn sie sind mehr als bloße Worte – sie sind Fenster zu unseren innersten Gefühlen, zu Gedanken, die wir manchmal selbst nicht in ihrer Tiefe begreifen. Jedes Gedicht, das ich in diesem Buch mit dir teile, trägt ein Stück meiner Reise in sich.
Es spiegelt Momente des Schmerzes, der Heilung, des Wachstums und der Freude wider. Doch sie sind nicht nur meine Geschichten – sie sind auch ein Spiegel, in

dem du vielleicht deine eigenen Erfahrungen erkennen kannst. Auf den nächsten Seiten möchte ich innehalten und mit dir teilen, was diese Gedichte für mich bedeuten und welche Botschaften ich darin verankert habe. Sie sind meine Art, auszudrücken, was Worte manchmal nur schwer fassen können.

Vielleicht findest du in ihnen etwas, das dich inspiriert, etwas, das dich tröstet, oder einfach einen Gedanken, der dir zeigt, dass du nicht allein bist auf deinem Weg. Lass uns gemeinsam auf die Reise gehen – durch Worte, durch Gefühle, durch die Geschichten, die unser Leben prägen.

Kindheit in Masken
(zum Gedicht von Seite 11)

Die Reise zur Erkenntnis war jedoch nicht immer sanft. Es gab dunkle Tage, an denen ich dachte, der Schmerz würde mich überwältigen. Der Schmerz der Kindheit, die Erinnerungen, die mich festhielten. Doch wie ein scharfer Wind, der in den Bäumen rauscht, konnte ich irgendwann den Schmerz nicht mehr als Feind betrachten. Ich begann, ihn als Teil von mir zu akzeptieren. Er war kein Feind, sondern ein Wächter –

ein Wächter, der mich dazu drängte, innezuhalten, zu lernen und zu wachsen.

Der Schmerz des Missbrauchs, den ich in der Kindheit erlebte, war die erste Maske, die ich ablegen musste. Aber es war nicht nur der Schmerz der Vergangenheit, der mich formte. Es waren auch die vielen Fragen, die nie beantwortet wurden. Warum? Warum musste es so sein? Diese Fragen sind wie Wellen, die immer wieder an die Felsen des Verstandes klopfen. Doch irgendwann verstand ich, dass nicht alle Fragen beantwortet werden müssen. Manchmal reicht es, mit der Ungewissheit zu leben und sich dem Fluss des Lebens hinzugeben.

Das Leben ist wie ein Spiegel. Was wir in uns selbst sehen, spiegelt sich in der Welt um uns. Die Art und Weise, wie wir mit dem Schmerz umgehen, wie wir uns ihm stellen, bestimmt, wie wir die Welt sehen. Und ich begann zu erkennen, dass der Schmerz, den ich erlebte, mich nicht schwächte, sondern mich stärker machte. Er öffnete die Türen zu einer Welt der Empathie, des Verständnisses und der Liebe.

Der Preis des Traums
(zum Gedicht von Seite 12)

Die Geschichte meines Lebens wäre jedoch nicht vollständig, ohne den Traum, der immer in mir brannte. Der Traum, Fußball zu spielen, der Traum, der mich in meiner Jugend trieb, der Traum, mich zu beweisen. Doch wie so oft im Leben kam der Moment, in dem ich mich fragte: „Ist das wirklich mein Traum oder der Traum von jemand anderem?" Und die Antwort war eine bittere Erkenntnis. Ich hatte so viel gegeben – doch es war nie wirklich mein Weg. Der wahre Traum war nicht der Ruhm auf dem Spielfeld, sondern die Freiheit, mein eigenes Leben zu gestalten und mein eigenes Ziel zu finden.

In dieser Erkenntnis lag die wahre Freiheit. Nicht in den Siegen oder Niederlagen, sondern in der Fähigkeit, den eigenen Weg zu gehen, ohne den Erwartungen anderer zu folgen. Und das war der Moment, in dem ich die Maske des Perfektionismus ablegte. Wahre Stärke liegt im Erkennen der eigenen Unvollkommenheit. Es ist die Akzeptanz der eigenen Schwächen, die uns wachsen lässt. Der Mut, nicht immer alles richtig machen zu müssen, und die Bereitschaft, aus Fehlern zu lernen, schaffen die Grundlage für echte Entwicklung.

Das Stehaufmännchen

(zum Gedicht von Seite 35)

Es gibt Momente im Leben, die uns aus der Bahn werfen – Momente, in denen wir zu Boden gehen und der Mut uns zu verlassen scheint. Doch genau in diesen Momenten liegt die wahre Herausforderung. Das Leben nimmt seinen Lauf, und mit jedem Fallstrick, der uns hinabzieht, liegt die wahre Stärke darin, wieder aufzustehen.

„Das Stehaufmännchen" hat für mich eine ganz besondere Bedeutung. Es erinnert daran, dass es nicht darauf ankommt, wie oft wir fallen, sondern wie oft wir den Mut finden, wieder aufzustehen. Die Welt mag uns niederdrücken, das Leben kann uns herausfordern, aber mit Willen und Entschlossenheit schaffen wir es, uns immer wieder zu erheben. Es gibt Momente, in denen wir uns fragen, warum wir immer wieder aufstehen müssen. Doch der wahre Sinn dieses Prozesses liegt im Wachstum, im Lernen und in der Kraft, die wir daraus schöpfen. Wenn du öfter aufstehst, als du fällst, wird dich nichts und niemand unterkriegen können.

Aber es gibt auch Zeiten, in denen wir wissen, dass ein Fall unvermeidlich ist. In diesen Momenten liegt die

Weisheit darin, uns vorzubereiten, uns behutsam hinzulegen, um den Schmerz zu mildern. Denn auch der Fall gehört zum Leben – er ist nur ein weiterer Schritt auf dem Weg zu mehr Stärke und Selbstbewusstsein. Das Leben ist wie ein bunter Teppich, auf dem alle Facetten unseres Seins miteinander verwoben sind.

Das bunte Geflecht des Lebens
(zum Gedicht von Seite 38/39)

Es zeigt uns, wie vielschichtig und farbenfroh unser Dasein ist. Die Freude, die im Takt des Lebens tanzt, das Glück, das im Augenblick erwacht – sie sind die leuchtenden Farben, die uns von innen wärmen. Die Liebe, die im Herzen blüht, und der Respekt, der Brücken zwischen uns baut, sind die sanften Linien, die uns mit anderen verbinden. Der Humor, der uns zum Lachen bringt, ist der lebendige Faden, der uns über schwierige Zeiten hinwegträgt.

Doch genauso gibt es die dunklen Farben, die uns begleiten – die Wut, die die Seele erhitzt, der Ärger, der einen hohen Preis fordert, und die Trauer, die uns niederzieht. Die Unzufriedenheit, die uns in eine Spirale der Selbstkritik und des Zweifelns stürzen kann. Diese negativen Emotionen gehören ebenso zu uns wie die positiven. Sie sind Teil unseres bunten Geflechts, das uns in seiner Vielfalt prägt. Sie können uns auf die Probe stellen und uns herausfordern, die Schattenseiten unseres Selbst zu erkennen und zu akzeptieren. Aber es liegt in unserer Hand, wie wir mit ihnen umgehen.

Wir können sie als Werkzeuge der Selbstreflexion nutzen, als Wegweiser zu unserem inneren Wachstum. Sie sind nicht nur Hindernisse, sondern auch Chancen, uns selbst besser zu verstehen und an uns zu arbeiten. Indem wir lernen, diese Emotionen anzunehmen und ihnen einen konstruktiven Raum zu geben, können wir in ihnen eine Quelle der Stärke finden.

Aus der Feder des Lebens
(zum Gedicht von Seite 61)

Ach ja, verletzt und enttäuscht zu werden – wer kennt das nicht? Es gehört quasi zum Standard-Lieferumfang des Lebens, so wie die Tüte Luft in einer Chips-Packung. Aber genau darum geht's in diesem Gedicht: Das Leben ist nicht immer fair, aber es bietet uns immer wieder die Chance, aufzustehen, den Staub abzuklopfen und weiterzumachen.

Die Botschaft? Fallen ist menschlich, aber jedes Mal aufzustehen ist die Superkraft, die uns weiterbringt. Klar, manchmal fühlt sich das Leben an wie ein verrücktes Hindernisrennen, aber wenn du einmal öfter aufstehst, als du hinfällst, erwartet dich das echte Highlight: der Moment, in dem du merkst, dass es sich gelohnt hat! Und wer weiß, vielleicht hast du danach sogar noch genug Energie, um anderen zu zeigen, wie man über Stolpersteine springt.

Also: Lass dich nicht unterkriegen! Am Ende wird derjenige belohnt, der immer wieder aufsteht – und mit „belohnt" meine ich nicht nur Kekse (obwohl die auch helfen).

Der Mut zur Entscheidung
(zum Gedicht von Seite 56)

Dieses Gedicht gewährt dir einen Blick in meinen inneren Raum – in den Moment, wenn ich einer Entscheidung gegenüberstehe, die tief in mir eine Veränderung herbeiführen könnte. Oft ist es eine der größten Herausforderungen im Leben: die Unsicherheit, die mit jeder Entscheidung einhergeht, der Kampf zwischen Vernunft und Gefühl, Kopf und

Herz. Die Frage, ob der richtige Weg überhaupt erkennbar ist oder ob wir uns einfach auf das Pendeln der Gedanken verlassen müssen, das zwischen den möglichen Wegen hin- und herschwingt.

Die Bilder in diesem Gedicht – das „Ping Pong mit deinen Gefühlen" und das Schwingen des Pendels – sollen diese innere Zerrissenheit widerspiegeln. Ich wollte nicht nur meine Gedanken, sondern auch diese Unsicherheit, diese Unentschlossenheit auf eine Weise darstellen, die für dich als Leser nachvollziehbar ist. Vielleicht erkennst du dich in den Schwankungen zwischen Mut und Angst, zwischen Wunsch und Zweifel wieder. Denn letztlich ist es der Schritt der Entscheidung, der uns Klarheit verschafft. Erst wenn wir uns entscheiden, bekommen wir das Gefühl, wirklich zu verstehen, wohin wir uns bewegen. Ob es der richtige Weg ist, wird uns jedoch oft erst im Rückblick klar.

Ich lade dich ein, nicht nur das Gedicht zu lesen, sondern es zu fühlen – es als einen Moment der Reflexion über deine eigenen Entscheidungen und die innere Reise zu betrachten, die du in solchen Zeiten durchmachst. Denn auch wenn das Pendel schwingt und wir unsicher sind, ist der erste Schritt des Handelns oft der, der uns vorwärtsbringt. Vielleicht ist dies nicht nur meine Geschichte, sondern auch deine.

Die Reise der Heilung
(zum Gedicht von Seite 51/52)

Vielleicht hast du dich in den letzten Absätzen wiedergefunden. Möglicherweise trägst du auch solche Narben mit dir, die von längst vergangenen Erlebnissen zeugen. Doch egal, wie tief der Schmerz sitzt, er hat eine tiefere Bedeutung. Jede Narbe, jede Wunde, die wir tragen, ist zugleich ein Zeugnis unserer Stärke. Sie erinnert uns daran, dass wir überlebt haben, dass wir immer noch hier sind – trotz allem, was uns widerfahren ist. Und das ist die wahre Kraft des Lebens: Es gibt uns immer wieder die Chance, uns neu zu erfinden, uns zu heilen und zu wachsen.

Diese Reise der Heilung ist lang und oft schmerzhaft, aber sie führt uns zu einer tiefen Erkenntnis: Wir sind nicht unsere Wunden. Wir sind nicht die Narben, die wir tragen. Wir sind das Leben selbst, das immer weiterfließt, immer weitergeht. Und in diesem Fluss der Zeit finden wir auch die Liebe, den Frieden und die Akzeptanz, nach denen wir so lange gesucht haben.

Jeder Moment, jeder Schritt auf dieser Reise ist ein Teil des Ganzen. Und vielleicht, nur vielleicht, ist genau dieser Weg der wahre Weg zu uns selbst. Denn am Ende geht es nicht darum, perfekt zu sein. Es geht darum, vollständig zu sein – mit all unseren Facetten, mit allen unseren Gefühlen und Erfahrungen. Jeder Augenblick, ob er uns Freude oder Schmerz bringt, trägt dazu bei, dass wir mehr über uns selbst erfahren. Es ist diese Reise, die uns formt, die uns zeigt, wer wir wirklich sind, und uns lehrt, die verschiedenen Teile unseres Selbst zu umarmen.

Der Blick nach vorne
(zum Gedicht von Seite 16)

Der Blick nach innen ist der Blick auf das, was wir bereits sind. Und hier, in diesem Moment, erkenne ich, dass du und ich – wir sind verbunden. Du hast dieses Buch aufgeschlagen, um dich auf deine eigene Reise zu begeben.
Und was du in diesen Seiten vielleicht findest, ist nicht nur meine Geschichte, sondern auch ein Spiegel deiner eigenen Erfahrungen und deiner Reise.

In deinem Leben gibt es ebenfalls Momente des Zweifels und der Unsicherheit. Doch genauso wie das Leben uns prüft, schenkt es uns auch die Kraft, immer wieder aufzustehen, uns selbst zu finden und zu wachsen. Und in dieser Reise, die wir gemeinsam machen – sei es zwischen den Zeilen dieses Buches oder im echten Leben – liegt die wahre Schönheit des Seins.

Reflexion des Ungleichgewichts
(zum Gedicht von Seite 28)

In einer Welt, die auf den ersten Blick so voller Möglichkeiten erscheint, kann es erschreckend sein, innezuhalten und sich der Wahrheit zu stellen. Denn während wir in einem Meer aus Komfort und Wohlstand treiben, gibt es da draußen unzählige Menschen, die mit den fundamentalen Herausforderungen des Lebens kämpfen. „Es gibt so viel Leid auf der ganzen Welt", und oft verlieren wir uns in unserer eigenen kleinen Blase, ohne uns dessen wirklich bewusst zu sein. Menschen, die keinen Zugang zu den grundlegenden Dingen haben, die für uns selbstverständlich sind – wie sauberes Wasser, ein Dach über dem Kopf oder eine regelmäßige Mahlzeit.

„Kein Haus, kein Strom, kein Licht" – diese Worte spiegeln das erschreckende Ungleichgewicht wider, das so viele Menschen ertragen müssen. Es gibt kein Handy, kein Auto, kaum Kleidung – für viele ist das die bittere Realität. Doch die Frage bleibt: Was können wir tun? So oft fühlen wir uns hilflos, unfähig, den enormen Schmerz, das Leid und die Ungerechtigkeit zu lindern, die wir auf der Welt sehen. Aber gerade in dieser Hilflosigkeit liegt eine tiefe

Lektion. „Es gibt immer einen Menschen, dem es schlechter geht" – dieser Gedanke kann uns als Denkanstoß dienen.

Es ist ein Moment des Innehaltens, ein Aufruf zur Besinnung. Wir haben viel, zu viel. Wir beklagen uns über die kleinsten Dinge – Geld, Zeit, Komfort – und doch gibt es so viele, denen diese Dinge verwehrt bleiben. Vielleicht sollten wir uns öfter daran erinnern, wie viel wir tatsächlich haben, und die Wertschätzung dafür in unser Leben integrieren.

Es ist nicht die Aufgabe des Einzelnen, die ganze Welt zu retten. Doch jeder kann einen Unterschied machen, indem er die eigene Perspektive erweitert und sich der Ungleichgewichte bewusst wird. Wenn wir unser eigenes Leben durch die Augen derer sehen, die mit weniger gesegnet sind, eröffnet sich ein neuer Blickwinkel. Und in diesem Blickwinkel erkennen wir, was wahrer Reichtum ist: Dankbarkeit, Bescheidenheit und der Wille, das Gute in der Welt zu fördern.

Sehnsucht nach Erleichterung
(zum Gedicht von Seite 29)

Jeder von uns trägt seine eigenen Lasten, seine eigenen Schmerzen und Beschwerden. Manchmal sind es körperliche Schmerzen, manchmal seelische. Der Wunsch nach einem Tag ohne diese Lasten, der Wunsch nach einem Moment der Erleichterung – „Was gäbe ich für einen Tag ohne Schmerzen" – wird oft zu einem stillen Begleiter. In einer Welt, die uns ständig fordert und immer wieder an unsere Grenzen bringt, ist dieser Wunsch nach Ruhe und Frieden vollkommen verständlich. Es ist mehr als ein bloßer Wunsch; es ist ein tiefes Bedürfnis nach Erleichterung. Die Frage „Kann dieser Wunsch einmal wahr werden?" ist nicht nur rhetorisch. Es ist eine Suche – eine Suche nach dem richtigen Weg, nach der richtigen Tür, die uns in die Freiheit von all dem Schmerz führt. Doch oft bleibt die Antwort vage. Was braucht es, um diese Tür zu öffnen?

Welche Veränderungen müssen wir in uns vornehmen, um die ersehnte Erleichterung zu finden?

Manchmal ist es nicht die äußere Welt, die uns Heilung bringt, sondern immer und stets die innere Welt. Es ist die Auseinandersetzung mit den eigenen Ängsten, die Konfrontation mit den Dämonen der Vergangenheit und die Bereitschaft, uns selbst zu vergeben und zu heilen. Wir müssen lernen, nicht nur nach einer Flucht aus dem Schmerz zu suchen, sondern auch nach Wegen, uns mit ihm auseinanderzusetzen. Denn nur so können wir die wahre Erleichterung finden – nicht im Vermeiden, sondern im Annehmen.

Die Flucht vor dem Ich
(zum Gedicht von Seite 30)

Wir flüchten vor uns selbst, verstecken uns hinter Masken und Ablenkungen. Doch das Leben hat seine eigene Art, uns zu konfrontieren – „die Wahrheit entkommt uns niemals von fern". Es ist ein fortwährender Kampf, der uns in einem endlosen Kreis gefangen hält, ein Spiel, das uns nicht weiterbringt. Im Moment, in dem wir glauben, der Flucht entkommen zu sein, stellt sich heraus, dass die Vergangenheit uns immer noch verfolgt.

Es ist kein einfaches Unterfangen, aus den Kreisen des Selbstzweifels und der Unzufriedenheit auszubrechen. Doch in der Erkenntnis, dass es keine Flucht vor uns selbst gibt, liegt der Schlüssel zur Veränderung. Wir dürfen uns nicht länger in die Vergangenheit flüchten, sondern müssen Verantwortung für unser Leben und unser Wohlbefinden übernehmen. Nur wer den Mut hat, sich seinen Ängsten und Unsicherheiten zu stellen, wird das wahre Licht der Erkenntnis finden.

Es ist ein mutiger Schritt, den eigenen Schatten anzunehmen und sich mit den eigenen Unvollkommenheiten zu versöhnen. Doch gerade dieser Schritt ist der Beginn einer Reise der Veränderung. Der Weg mag nicht immer einfach sein, aber er ist der einzige Weg, um wahrhaftig frei zu werden.

Kämpferherz
(zum Gedicht von Seite 31/32)

Das Leben stellt uns immer wieder vor Herausforderungen. „Ein Einzelkämpfer zu sein" – dieses Motto ist vielen von uns vertraut. Doch gerade in der Einsamkeit finden wir oft unsere größte Stärke. „Ich wuchs auf in einem Haus, das oft so still war" – diese Zeilen spiegeln die Stille der Kindheit wider, in der man lernt, sich selbst zu finden, weil niemand da ist, der einem den Weg weist. Doch auch in dieser Stille wächst die innere Kraft. Es gibt Momente, in denen wir uns allein fühlen, in denen wir das Gefühl haben, dass niemand versteht, was wir durchmachen.

Doch „mit der Liebe" kommt eine Veränderung. Sie ist die Quelle der Stärke, die uns aufrichtet und uns ermutigt, weiterzumachen. „Sie glaubt an mich, auch wenn ich mal wanke" – das ist der Halt, den wir in schwierigen Zeiten brauchen. Liebe ist der Anker, der uns auch im Sturm des Lebens sicher hält.

„Ein Kämpfer bleibe ich, doch nicht mehr allein!"

Diese Worte sind ein Bekenntnis zur Veränderung. Sie erinnern uns daran, dass wahre Stärke nicht im Alleinsein liegt, sondern im Miteinander. Die Liebe, die uns stützt, lässt uns erkennen, dass wir nie wirklich allein sind, solange wir einander haben. Und mit dieser Erkenntnis kommen neue Hoffnung und neue Kraft.

Versöhnung mit der Zeit

(zum Gedicht von Seite 53)

Die Zeit ist unser stetiger Begleiter, der uns vorwärtsdrängt, uns manchmal hetzt, aber auch immer wieder innehalten lässt, um nachzudenken. „Die Zeit vergeht, was bleibt, sind Spuren" – diese Wahrheit offenbart sich uns oft erst im Rückblick. Unsere Vergangenheit hat uns geformt, uns geprägt, und doch ist sie auch eine Quelle von Schmerz und Erinnerung.

Was wäre heute, hätten wir die Herausforderungen der Vergangenheit nicht gemeistert? Die Zeit ist ein stiller Lehrer, der uns hilft zu wachsen und zu verstehen.

„Das Gestern ist ein stiller Lehrer" – diese Erkenntnis lässt uns den Blick nach vorne richten. Denn in der Versöhnung mit der Vergangenheit finden wir die Freiheit, die Gegenwart zu genießen und die Zukunft mit Zuversicht zu betreten. Jeder Tag ist ein neuer Schritt, und in jedem Schritt liegt die Chance auf neues Glück.

Ein Schritt ins Neue

(zum Gedicht von Seite 54/55)

Die Angst vor dem Unbekannten hält uns oft zurück. Doch das Leben wartet nicht auf uns. „Warum verharren, warum verweilen?" – diese Frage stellt sich, wenn wir zu lange in der Komfortzone bleiben. Es ist der Moment, in dem wir den Mut fassen müssen, einen Schritt ins Ungewisse zu wagen. Dahinter verbirgt sich die Chance auf Wachstum, Veränderung und ein neues Morgen.

„Wer wagt, der kann ins Lernen gehen" – dieser Satz erinnert uns daran, dass jeder Schritt in die unbekannte Zukunft eine Gelegenheit zur Entfaltung ist. Es gibt keine Garantie für den Erfolg, aber immer die Möglichkeit, etwas Neues zu erfahren. Wenn wir den Mut haben, den alten Ballast hinter uns zu lassen, können wir die Freiheit entdecken, die uns erwartet.

Es ist Zeit, die Ängste loszulassen und der Einladung des Lebens zu folgen. „Die Welt da draußen, sie lädt dich ein" – dieses Buch ist ein Aufruf, den Schritt zu wagen, die Komfortzone zu verlassen und das Abenteuer des Lebens zu erleben.

Der Blick nach innen und außen
(zum Gedicht von Seite 22)

Heute weiß ich: „Der Blick nach vorn" beschreibt auf wunderbare Weise die unendliche Reise des Lebens, die niemals wirklich endet. Es geht darum, dass wir uns immer weiterentwickeln, in jedem einzelnen Moment, in jedem Schritt, den wir wagen. Das Gedicht zeigt uns, dass das Leben nicht statisch ist – es lebt durch unsere ständige Veränderung und das Bewusstsein, das wir in jeden Atemzug legen. Jede Entscheidung, jeder Gedanke und jede Erfahrung tragen dazu bei, dass wir uns immer wieder neu erfinden können.

Dieser Blick nach vorn erinnert uns daran, dass wir die Macht haben, uns von unseren alten Wunden zu heilen, an unsere eigene Kraft zu glauben und immer wieder neue Träume zu verfolgen. Der wahre Zauber des Lebens liegt nicht in einem festen Ziel oder einem festen Punkt, sondern in der stetigen Bewegung und dem stetigen Wachstum, das in uns allen steckt.

Wir sind niemals nur das, was wir einmal waren – wir sind ständig im Werden, und das ist das, was das Leben so wertvoll macht.
Es geht nicht darum, eine finale Bestimmung zu erreichen, sondern darum, die Reise zu schätzen und zu

erleben, wie wir uns immer wieder neu erfinden können, unabhängig von der Vergangenheit. Die Möglichkeit zur Veränderung und zum Neuanfang ist immer gegeben – sie lebt in uns, in jedem Moment. Und vielleicht ist genau das die wahre Freiheit des Lebens: immer wieder aufzubrechen, immer wieder zu träumen und die Reise weiterzugehen.

Wir nähern uns dem Ende

Du hast nun die ersten beiden Kapitel dieses Buches gelesen – Seiten, die nicht nur Worte enthalten, sondern Teile meines Herzens, meiner Gedanken, meines Erlebens. Und mit jedem Absatz, den du aufgeschlagen, mit jeder Zeile, die du aufgenommen hast, bist du auf eine ganz besondere Weise ein Teil meiner Reise geworden. Vielleicht sogar, ohne es zu merken.
Vielleicht hast du dich in manchen Momenten selbst entdeckt – in einem Gedanken, einem Gefühl, einem kleinen Zwischenraum zwischen den Worten. Vielleicht hast du Erinnerungen gespürt, die lange geschlummert haben. Oder du hast neue Gedanken mitgenommen, neue Perspektiven, die dich auf deinem ganz persönlichen Weg inspirieren oder bestärken. Was auch immer du aus diesen Seiten für dich gezogen hast – es

ist genau das Richtige. Nicht mehr und nicht weniger. Es ist das, was du genau jetzt gebraucht hast. Und das allein ist schon etwas ganz Besonderes.

Jeder Gedanke, der in dir aufkeimte, jeder kleine Funke an Emotion, jedes leise Innehalten, trägt dazu bei, deinen eigenen Weg bewusster zu gehen. Vielleicht nicht mit schnellen Antworten, aber mit mehr Gefühl für das, was in dir lebt. Denn manchmal sind es nicht die großen Erkenntnisse, die uns verändern, sondern das stille Verstehen, das leise Nicken im Herzen, wenn wir merken: *Ich bin nicht allein.*

Denk immer daran: Dein Leben ist ein vollkommen einzigartiges Kunstwerk. Kein anderes gleicht ihm. Kein Plan, kein System, kein Maßstab dieser Welt kann dir sagen, wie es richtig geht – denn „richtig" ist das, was sich für dich *wahr* anfühlt. Du allein bestimmst die Richtung, den Rhythmus, das Tempo. Du bist der Künstler, die Künstlerin deines eigenen Lebensbildes. Du hältst den Pinsel in der Hand.

Und auch wenn nicht jeder Pinselstrich perfekt erscheint – er gehört dazu. Er macht dein Bild lebendig, mutig, ehrlich. Jeder Tag, den du bewusst lebst, jeder Moment, in dem du fühlst, dich zeigst, dich fragst oder neu beginnst, formt deine Geschichte. Lass dir von niemandem erzählen, dass du erst „ankommen" musst. Denn du bist schon unterwegs. Also geh weiter.

3. Kapitel - Bonus-Meilen

Ein neuer Tag

Der Morgen erwacht, die Nacht vergeht,
und mit ihr ein Funke, der ewig besteht.

Die Schritte nach vorne, das Herz voller Licht,
es zeigt: Die Reise endet nie, nur die Sicht.

Was gestern schmerzte, heilt heute vielleicht,
was morgen noch fern scheint, wird jetzt erreicht.

Jeden Tag ein Geschenk, mit Liebe und Herz,
ist ein neuer Beginn, er heilt deinen Schmerz.

Spiegelbild der Freundschaft

Was hat der Spiegel da gerade gedacht,
weil plötzlich hat er mitgelacht.

Und beim Versuch, sich wegzudrehen,
schrie er ganz laut: „Ich kann dich nicht sehen!"

Denn ohne dich kann ich nicht lachen,
und ohne mich kannst du nichts machen.

Lass uns doch einfach Freundschaft schließen,
um gemeinsam zu lachen und zu genießen.

Siehst du noch oder fühlst du schon

Was wir alles mit unseren Augen sehen,
können wir das alles wirklich verstehen?

Ist es nicht besser, viel mehr zu fühlen,
anstatt unsere Emotionen abzukühlen?

Viel mehr mit allen Sinnen zu spüren,
weil wir auf diese Art unsere Seele berühren.

Im Einklang mit ihr, dem Körper und Geist,
höre auf dich, da du es am besten weißt.

Wenn du es dir wünschst und daran glaubst,
dir damit keinen weiteren Gedanken raubst.

Dir dann noch vorstellst, wie es wirklich ist,
dann weißt du, dass du vollkommen richtig bist.

Wetterbericht fürs Leben

Wir wissen, was war, doch nicht, was kommt,
schön, wenn unser Leben, in der Sonne sonnt.

Doch wenn es regnet, stürmt oder schneit,
ist das Leben auch für dieses Wetter bereit.

Ob es donnert, blitzt oder der Himmel blau,
das entscheidet unser Leben ganz genau.

Es mag da verschiedene Meinungen geben,
du entscheidest selbst übers Wetter im Leben.

Also hab für alles genug Klamotten im Schrank,
das hat Spaß gemacht und besten Dank!

Das Leben auf einem Blick

Das Leben ist wild, mal BRAVO, mal grau,
mal wie ein Drama im ECHO DER FRAU.

Die FREIZEIT REVUE fliegt an dir vorbei,
du entscheidest – ob leise oder mit Geschrei.

Ein GOLDENES BLATT, voller Glanz,
ein LECKER-Stück gehört zum Lebenstanz.

Mit STERN und FOCUS schaust du voraus,
das MOSAIK zeigt dir: Vieles bleibt ein Graus.

Zwischen HÖRZU, hör weg, dem Digital,
läuft das Leben mal schrill und mal total banal.

Doch wie in der GALA, da schimmert ein Licht,
wenn die YPS dir dafür ein Gimmick verspricht.

Blätter durchs Leben, nimm's nicht zu schwer,
jede Seite im Leben, bringt so vieles mehr.

So bunt wie die Blätterwelt, verrückt und erhellt,
doch wer's nicht erlebt, hat auch nichts bestellt!

Der Abschluss einer Reise, der Anfang von etwas Neuem

Mit diesen letzten Zeilen geht eine besondere Reise zu Ende – zumindest auf dem Papier. Es war eine Reise durch Gedanken, Gefühle und Impulse, die ich mit dir teilen durfte. Doch vielleicht ist es gar kein wirklicher Abschied, denn ein Impuls endet nie einfach so. Er ist wie ein Tropfen, der auf eine Wasseroberfläche trifft – sanft, aber wirkungsvoll. Er zieht Kreise, auch dann, wenn wir es nicht sofort sehen. Vielleicht erreicht er dich heute. Vielleicht morgen. Vielleicht in einem Moment, in dem du gar nicht damit rechnest.

Dieses Buch war für mich mehr als nur eine Sammlung von Worten. Es war ein Versuch, meine inneren Bewegungen sichtbar zu machen – all die leisen und lauten Gedanken, die mich im Laufe der Zeit begleitet haben. Der Titel *„Zwischen Schatten und Licht"* steht sinnbildlich für all diese kleinen Funken, die unser Leben bereichern können, wenn wir ihnen erlauben, Raum zu bekommen. Es ist mein tiefster Wunsch, dass einige dieser Funken auch in deinem Leben weiterleuchten – vielleicht sanft, vielleicht kraftvoll – und neue Inspiration entfachen.

Was auch immer du aus diesen Seiten mitgenommen hast, du hast es auf deine Weise aufgenommen, mit deinem Herzen, mit deiner Geschichte. Und genau das macht jeden Impuls so wertvoll: dass er sich wandeln darf. Dass er nicht nur gelesen, sondern gefühlt wird. Dass er wachsen kann – in deinem Tempo, auf deinem Weg.

Der wahre Sinn dieses Buches liegt nicht im Punkt am Ende, sondern in dem Komma, das zum Weitergehen einlädt. Es geht nicht darum, etwas abzuschließen, sondern darum, etwas Neues zu beginnen. Einen neuen Gedanken. Einen anderen Blickwinkel. Vielleicht sogar ein ganz neues Kapitel in deinem Leben.

Ich danke dir von Herzen – für deine Offenheit, für deine Bereitschaft, dich auf diese Reise einzulassen, und für dein Vertrauen in meine Worte. Du warst ein Teil dieses Weges, und mit jedem Gedanken, den du mitgenommen hast, trägst du diese Reise weiter – in dir, mit dir, durch dich.

Mit aufrichtigem Dank für deine Zeit und dein Sein,

Dein Sascha

4. Kapitel - Zusammenfassung

Das Leben ist eine Reise – eine Reise voller Höhen und Tiefen, voller unerwarteter Wendungen und leiser, bedeutungsvoller Momente. Es ist eine Erzählung, die sich mit jedem unserer Schritte entfaltet, ein Mosaik aus Erinnerungen, Erfahrungen und Gefühlen. In diesem Buch wollte ich dich mitnehmen auf meinen Weg – einen Weg, der von Schmerz und Hoffnung, von Träumen und Erkenntnissen, von Zweifeln und Gewissheiten geprägt ist.

Die ersten Schritte ins Leben meiner Kindheit war eine Zeit der Masken. Masken, die nicht aus Stoff oder Farbe bestanden, sondern aus unausgesprochenen Ängsten, aus Rollen, die ich spielte, um mich anzupassen. Ich lernte früh, dass die Welt nicht immer das ist, was sie auf den ersten Blick zu sein scheint. Es gab Momente der Einsamkeit, in denen sich die Stille wie ein undurchdringlicher Nebel um mich legte. Doch auch in dieser Stille lag eine Botschaft – eine Einladung, genauer hinzusehen, hinter die Fassaden zu blicken und meine eigene Wahrheit zu finden.

Ich erinnere mich an die Nächte, in denen ich in meinem Bett lag und zur Decke starrte.

Gedanken kreisten in meinem Kopf, unausgesprochene Fragen, auf die niemand eine Antwort hatte. Warum fühlte ich mich oft anders als die anderen? Warum hatte ich das Gefühl, immer eine Rolle spielen zu müssen, um akzeptiert zu werden? Diese Zweifel begleiteten mich wie ein Schatten, doch in ihnen lag auch eine unbestimmte Sehnsucht – die Sehnsucht, verstanden zu werden, meine Wahrheit zu finden und mich selbst in all meiner Tiefe anzunehmen.

Die Suche nach Identität begann früh. Ich versuchte mich in verschiedene Rollen einzufügen, spielte den Clown, um Aufmerksamkeit zu bekommen, den Stillen, um nicht aufzufallen, den Starken, um meine Schwächen zu verstecken. Doch tief in mir wusste ich, dass ich irgendwann herausfinden musste, wer ich wirklich war. Erst als ich begann, meine Gefühle und Gedanken niederzuschreiben, erkannte ich, dass ich einen Ausdruck für meine inneren Konflikte gefunden hatte. Worte wurden zu meinem Rückzugsort, Poesie zu meiner Sprache.

„Perfektion verwehrt uns jegliche Chancen, zu lernen und zu wachsen." – Sascha Kalkbrenner

Ich verbarg meine Emotionen, versuchte, mich anzupassen, meine Gefühle zu verschließen.
Doch unter der Oberfläche brodelte eine Welt aus unerfüllten Wünschen, aus nicht gelebten Träumen. Die Masken, die ich trug, schützten mich, aber sie nahmen mir auch die Möglichkeit, authentisch zu sein. Erst als ich mich traute, diese Masken fallen zu lassen, begann ich, wirklich zu leben. Eine Reise durch Träume und Erwartungen.

Mit den Jahren kam die Erkenntnis, dass jede Narbe eine Geschichte erzählt. Dass jede Wunde nicht nur Schmerz bedeutet, sondern auch eine Gelegenheit zur Heilung ist. Ich begann zu verstehen, dass Dunkelheit nicht das Ende bedeutet, sondern oft der Anfang einer neuen Erkenntnis ist. So wie der Samen unter der Erde verborgen liegt, bevor er sich ans Licht wagt, so liegt auch in unseren dunkelsten Momenten oft die tiefste Kraft verborgen.

Ich wollte herausfinden, wer ich wirklich bin. Die Welt bot mir verschiedene Wege an, doch jeder schien bereits vorgezeichnet, als wäre mein Platz längst bestimmt. Doch was, wenn ich mehr war als das, was andere in mir sahen? Was, wenn ich einen eigenen Pfad erschaffen konnte, fernab von jeglichen Erwartungen, Zwängen und gesellschaftlichen Normen? Ich begann zu hinterfragen, was Erfolg für mich wirklich bedeutete. War es das Streben nach materiellen Dingen oder der Mut, mein Innerstes auszudrücken?

Ich erkannte, dass Träume oft nicht geradlinig verlaufen. Manchmal führen sie durch Dunkelheit, Zweifel und Umwege. Doch gerade diese Umwege machten meine Reise wertvoll. Denn in ihnen entdeckte ich unendliche Facetten meines Wesens, die ich ohne Herausforderungen nie erkannt hätte.

Der Moment des Aufbruchs war dann eine besondere Entscheidung für mich selbst. Eines Tages stand ich an einem Wendepunkt. Es war ein Moment der Klarheit, als ich verstand, dass ich nicht länger nur existieren wollte, sondern wirklich leben. Ich erinnerte mich an all die Male, in denen ich meine Träume zurückgestellt hatte, an die Momente, in denen ich mich selbst überhört hatte, um andere zufriedenzustellen. Dieser Moment war anders. Ich wusste, dass ich die Verantwortung für mein eigenes Glück übernehmen musste. Es war kein einfacher Weg. Veränderung erfordert Mut. Es bedeutet, bekannte Muster hinter sich zu lassen, sich Unsicherheiten zu stellen und auf die eigene Intuition zu vertrauen. Doch mit jedem Schritt, den ich wagte, wurde ich freier. Ich begann, meine Geschichte selbst zu schreiben, ohne darauf zu warten, dass mir jemand die Erlaubnis dazu gab.

Ich stellte mir die Frage: Was würde ich tun, wenn Angst keine Rolle spielte? Was würde ich wagen, wenn ich wüsste, dass ich nicht scheitern könnte? Diese Gedanken wurden zu meinem Antrieb. Ich ließ mich nicht mehr von äußeren Meinungen bestimmen, sondern von meiner inneren Stimme leiten.

„Die längste Reise in deinem Leben ist die von deinem Kopf zu deinem Herzen." – Thich Nhat Hanh

Doch es gibt auch Wendepunkte im Leben. Die Geburt eines neuen Lebens. Es gibt Zeiten, in denen uns das Leben vor Prüfungen stellt, die uns an den Rand unserer Kräfte bringen. Zeiten, in denen die Dunkelheit übermächtig scheint und die Hoffnung zu verblassen droht. Doch in genau diesen Momenten liegt die Möglichkeit zur Heilung. Wir sind nicht unsere Wunden, sondern das, was wir aus ihnen machen. Wir sind nicht unsere Vergangenheit, sondern die Entscheidungen, die wir im Hier und Jetzt treffen.
Die Geburt meiner Tochter war für mich ein Wendepunkt, ein Moment der Klarheit. Plötzlich wurde

mir bewusst, dass es nicht darum geht, perfekt zu sein, sondern darum, mit Liebe, Achtsamkeit und Bewusstsein zu leben. In ihr sah ich die Möglichkeit, alte Muster zu durchbrechen, neue Wege zu gehen und das Leben mit offenen Armen zu empfangen.

Ihre Augen spiegelten eine Unschuld wider, die mich daran erinnerte, dass jeder Tag eine neue Chance ist. In ihrer Gegenwart lerne ich, im Moment zu leben. Ich erkannte, dass nicht die großen Erfolge zählen, sondern die kleinen Augenblicke des Glücks, das gemeinsame Lachen, die warmen Umarmungen, die Momente der Stille.

Jeder von uns trägt eine Fackel der Hoffnung in sich. Manchmal flackert sie nur schwach, doch sie verlischt nie ganz. Es liegt an uns, sie zu nähren, ihr Raum zu verleihen und sie weiterzugeben. Denn Hoffnung ist es, die uns trägt, wenn alles andere zu zerbrechen droht. Sie ist die Brücke zwischen dem, was war, und dem, was sein kann.

Ich habe gelernt, dass Hoffnung nicht bedeutet, dass alles leicht wird. Hoffnung ist das Vertrauen, dass es sich lohnt, weiterzumachen, auch wenn der Weg ungewiss ist.

5. Kapitel – Impulse

Kindheit in Masken – zu Seite 11

- Gibt es Erinnerungen, die dich bis heute begleiten – positiv oder negativ?
- Welche Lektionen konntest du aus diesen Erlebnissen ziehen?
- Was würde dein heutiges Ich zu deinem jüngeren Ich sagen?

Der Preis des Traums – zu Seite 12

- Welche Träume verfolgst du – und sind es wirklich deine eigenen?
- Wie fühlst du dich, wenn du an diesen Weg denkst?
- Was würdest du ändern, wenn du die Wahl hättest?

Wer bin ich – zu Seite 13 – 15

Doch wer bist du? Welche Momente haben dich geprägt? Vielleicht konntest du während meiner Erzählungen darüber nachdenken – über die Geschichten, die dich zu dem Menschen gemacht haben, der du heute bist.

Ereignis 1:

Hast du einen Moment in deinem Leben, der für dich symbolisch ist? Eine Erinnerung, die dir zeigt, wie du die Welt siehst oder wie du dich fühlst? Vielleicht liegt sie in deiner Kindheit oder aber auch in einem anderen Abschnitt deines Lebens. Nimm dir gerne einen Moment Zeit, darüber nachzudenken.

Ereignis 2:

Hattest du schon einmal einen Moment, der dich tief getroffen hat, aber später zu einem Wendepunkt wurde? Ein Gespräch, eine Entscheidung oder eine Erfahrung, die dir gezeigt hat, dass du deinen eigenen Weg gehen musst? Vielleicht erinnerst du dich jetzt an etwas Ähnliches in deinem Leben.

Ereignis 3:

Gibt es in deinem Leben eine Erfahrung oder eine Beziehung, die dir geholfen hat, alte Muster zu durchbrechen und neu anzufangen? Vielleicht ein Mensch, ein Moment oder eine Veränderung, die dich inspiriert hat? Überlege, was für dich diesen Kreis schließen könnte.

Der Weg aus der Stille – zu Seite 19/20

- Wann hast du das Gefühl gehabt, dass dir das Leben zu viel abverlangt?
- Was hat dir geholfen, stark zu bleiben und nicht aufzugeben?

Der wahre Gewinn des Lebens – zu Seite 23

Wir messen Erfolg oft an äußeren Siegen, doch die wahre Erfüllung liegt darin, gesehen zu werden – von uns selbst und von anderen. Wann hast du zuletzt innegehalten und gefragt: Was brauche *ich* wirklich? Der wahre Gewinn ist die Anerkennung des eigenen Wertes und die Verbundenheit mit anderen. Was kannst du heute tun, um dir selbst mehr Aufmerksamkeit zu schenken?

Kämpferherz – zu Seite 31/32

Das Leben fordert uns oft heraus und lässt uns das Gefühl haben, alleine kämpfen zu müssen. Doch wie das Gedicht zeigt, ist der wahre Gewinn nicht nur die Stärke, die wir in uns tragen, sondern auch die Liebe und Unterstützung, die wir in den richtigen Menschen finden. Du musst nicht alles alleine durchstehen.

Manchmal braucht es nur jemanden, der an uns glaubt, um unser inneres Feuer zu entfachen. Überlege, wo du in deinem Leben Unterstützung gefunden hast – und sei dir bewusst, dass du niemals wirklich alleine bist. Dein Kämpferherz ist stärker, wenn du es mit anderen teilst.

Dein persönlicher Impuls aus Kapitel 1

Was hat dich im ersten Kapitel bewegt? Halte dir gerne deine Gedanken, Erkenntnisse oder Impulse fest – ganz so, wie es für dich passt. Mach dir diesen Moment persönlich.

Wünsche entfesseln – zu Seite 37/38

Manchmal haben wir Angst, unsere Wünsche auszusprechen, aus Sorge vor Ablehnung oder dem Gefühl, nicht genug zu sein. Doch wahre Stärke liegt darin, sich selbst treu zu bleiben und die eigenen Träume ernst zu nehmen.
Überlege: Welcher Wunsch schlummert tief in dir, den du lange zurückgehalten hast?
Wage es, ihn auszusprechen – für dich selbst oder für jemand, der ihn hören soll. Der erste Schritt, ihn zu teilen, kann der Beginn sein, ihn Wirklichkeit werden zu lassen.

Der Mut zur Entscheidung – zu Seite 56

- Wo in deinem Leben fühlst du dich gerade zwischen zwei Wegen hin- und hergerissen?
- Nimm dir jetzt einen Moment Zeit und schreibe die eine Entscheidung auf, die du schon lange vor dir herschiebst. Was würde es für dich bedeuten, sie heute zu treffen?"
- Finde ein Symbol das dich an die Bedeutung der Entscheidung erinnert – vielleicht ein Pendel, ein Wegweiser oder eine Brücke, was du dir dann immer wieder, wenn du es brauchst, in Erinnerung rufen kannst.

Die Fackel der Hoffnung – zu Seite 57

- Wie kannst du mehr Mut und Hoffnung in deinen Alltag integrieren?
- Welche kleinen Schritte kannst du gehen, um dein Licht strahlen zu lassen?

Der Blick nach vorne – zu Seite 74/75

Das Leben schenkt uns mit jedem neuen Tag die Möglichkeit, neu anzufangen. Egal, welche Wunden die Vergangenheit hinterlassen hat, du kannst entscheiden,

den Blick nach vorn zu richten. Welche kleinen Schritte kannst du heute gehen, um dich selbst neu zu entdecken oder einen Traum zum Leben zu erwecken? Erinnere dich: Veränderung beginnt im Moment, in dem du daran glaubst.

Dein persönlicher Impuls aus Kapitel 2

Wie hat das zweite Kapitel auf dich gewirkt? Halte hier fest, was dir in Erinnerung geblieben ist, dich inspiriert oder zum Nachdenken gebracht hat. Nutze diesen Raum, um deinen Eindruck in deinen Worten abzurunden.

Das Leben auf einen Blick – zu Seite 89

„Das Leben ist wie eine bunte Zeitschrift – voll von unterschiedlichen Geschichten, Höhen und Tiefen. Wie blätterst du durch dein eigenes Leben? Nimm dir einen Moment, um die Seiten zu betrachten, die dir Freude bringen. Vielleicht kannst du auch das Grau als Teil des Ganzen sehen und dich daran erinnern, dass jede Seite, ob hell oder dunkel, eine wertvolle Erfahrung ist. Welche Seite deines Lebens würdest du gerade aufschlagen, um sie in vollen Zügen zu genießen?"

Der letzte Impuls zum Schluss gehört jetzt dir

Nun, am Ende dieses Buches, gehört der Moment ganz dir. Vielleicht ist dir während des Lesens eine bestimmte Passage begegnet, die dich besonders berührt, inspiriert oder tief in deinem Inneren bewegt hat. Vielleicht waren es Worte, die etwas in dir zum Schwingen brachten, eine neue Sichtweise eröffneten oder alte Gedanken in ein neues Licht rückten. Nimm dir nun die Zeit, diesen Moment bewusst zu erleben. Lausche in dich hinein: Welche Gedanken, Gefühle oder Erkenntnisse haben sich in deinem Herzen festgesetzt? Was davon möchtest du mitnehmen in deinen Alltag, in deine Zukunft? Gibt es eine Einsicht, die dich begleiten darf, eine Idee, die weiter wachsen möchte, oder einen Impuls, der dich ermutigt, neue Wege zu gehen?

Lass die Worte noch einmal in dir nachklingen, so wie ein schöner Klang, der langsam verklingt und doch in seiner Wirkung nachhallt. Gib deinen Empfindungen Raum, ohne sie festhalten zu wollen, und vertraue darauf, dass das Wesentliche in dir weiterlebt.

Dieser letzte Impuls gehört ganz dir – und was du daraus machst, liegt in deinen Händen. Vielleicht ist es der Anfang von etwas Neuem.

Viel Freude!

Zeit für deinen persönlichen Moment:

_____

_____

_____

_____

_____

_____

_____

_____

_____

_____

_____

_____

_____

_____

„Brauchst du selbst mal ein schönes Gedicht,
dann denk an das Buch und zögere nicht.
Schreibe mich dafür gerne persönlich an,
dann schauen wir, was ich machen kann!"

~ Sascha Kalkbrenner